KB072404

진격의 늑대

진격의 늑대

김영록 지음

추천사

김학봉

(주식회사 이수 대표이사)

스타트업을 통한 혁신은 기존 산업을 완전히 흔들어놨고, 이제는 거스를 수 없는 거대한 생태계가 구축되었다. 이 책은 이러한 모든 과정에서 치열하게 고민하며 그 생태계를 선도하고자 하는 이들에게 수준 높은 안목과 인사이트를 선사한다. 글로벌 팬데믹 이후 기업이 어디로 가야 할지 방향성에 대해 고민하고 있다면 구체적 해답을 보여주는 나침반 같은 책, 《진격의 늑대》를 강력히 추천한다.

김용문

(창업진흥원 원장)

디지털 사회는 일하는 방식뿐만 아니라 생각하는 방식도 혁신할 것을 요구하고 있다. 스타트업 문화는 우리 모두가 보고 배워야 할 진격의 시작이다. 혁신이 필요한 이 시대에는 기존의 사고방식을 뒤집는 파괴적인 국가 정책이 필요하다. 《진격의 늑대》는 창업 교육, 도시 재생, 미래 도시 등 다양한 관점을 넘나들며 격변을 앞서 직감하고 거시적 안목에서 야성을 현실화하고 있는 대한민국 스타트업 생태계의 모습을 생생하게 전해주고 있다.

김춘호

(서울벤처대학원대학교 총장)

스타트업은 기존의 견고했던 산업 경제 질서를 무섭게 파고드는 '변종의 늑대'라는 김영록 대표의 표현에 깊이 공감한다. 이제 주인공으로 등극해 거침없이 진격하고 있는 스타트업을 생생하게 보여주는《진격의 늑대》에서 공교육이 어떻게 바뀌어야 하는지 논하고 있는 부분도 주목해서 보아야 한다. 이 책에 소개된 미네르바 유니버시티보다 훨씬 더 진화한 형태인 넥스트챌린지 유니버시티의 미래가 벌써 기대된다.

김동률

(서강대학교 기술경영전문대학원 교수)

지금 전 세계는 파괴적 혁신을 꿈꾸는 자들의 열기로 들끓고 있다. 김영록 대표는 글로벌 팬데믹 이후 전 세계에서 일어나는 소용돌이 속 꿈틀거리는 스타트업 생태계를 자신의 경험과 통찰로 분석해 '진격의 늑대'라는 명쾌한 패러다임을 도출해냈다. 《진격의 늑대》는 국가는 물론이고 기업과 각 개인이 나아가야 할 방향을 분명하게 제시하며 팬데믹 이후 격변기에 들어선 대학에 새로운 혁신 사례로 신선한 충격을 주고 있다.

이지성

(《미래의 부》, 《에이트》, 《꿈꾸는 다락방》 저자)

나는 늘 '이제 우리는 무엇으로 살아야 할 것인가'라는 물음을 지니고 있었다. 많은 이들이 그렇듯 주식이나 부동산으로 재테크를 해왔다면 이제부터는 '진격의 늑대'에게 관심을 가져야 할 때다. 곧 엔데믹이 도래하면 스타트업은 한국 경제를 일으켜 세우는 주인공이 될 것이기 때문이다. 국가부터 기업, 개인에 이르기까지 스타트업이 왜 중요한지 일깨우고 있는 《진격의 늑대》는 우리 모두에게 '도전'과 '혁신' 그리고 대한민국이 바라봐야 할 북극성까지 알려주는 지침서가 될 것이다.

차례

Chapter 2
파괴적 혁신을 넘어 상상하지 못한 미래로
_ GDP 5만 달러 시대, 스타트업이 만든다

Chapter 3

글로벌 7개국의 스타트업 육성 총력전

_ 도약을 위한 보이지 않는 전쟁

Chapter 4

변종 늑대들의 대항해를 위한 스타트업 육성 정책의 대전환

_ 늑대의 폭발적 힘을 열어줄 패러다임 시프트

프롤로그

오늘의 파괴자들과 내일의 밝은 별들

'파라데이그마paradeigma'라는 그리스 단어가 있다. 플라톤은 '조물주가 우주를 만들 때 본(本)으로 삼은 것'이라고 설명했고, 아리스토텔레스는 논리학의 영역에서 '전형적 예시'라는 의미로 사용했다. 한마디로 파라데이그마는 '원형이 되는 것, 본래의 것'이라는 의미를 지닌다. 이 파라데이그마가 과학 발전을 설명하기 위해 도입되면서 영어 '패러다임paradigm'이 되었다. 한 시대 사람들이 전반적으로 인정하고 공유하는 방법이나 이론 등을 말한다. 중요한 점은 이것이 깨지는 특정한 순간이 반드시 온다는 사실이다. 많은 것들이 처음에는 당시의 패러다임에 부합한다. 하지만 어느 순간부터 그 패러다임으로 설명되지 않거나 거기에 도전하는 사례들이 축적되어간다. 시간이 흐르면서 위기는 더 심화되고, 종국에 그 패러다임은 완전히 무너져 다른 패러다임으로 대체된다. 이를 '패러다임 시프트paradigm shift'라고 하며 '특이점singularity'이라는 말로 설명하기도 한다.

한국 경제 패러다임에 균열이 생긴 날

한국 경제는 그 출발선에서부터 중심에 대기업이 자리 잡고 있었고 이후 70년간 재벌 혹은 대기업이라고 불렸던 기업집단이 주축이 되어왔다. 팬데믹 시대의 경이적 수출 실적 역시 대기업이 큰 역할을 했다. 그런데 대기업 중심의 경제 패러다임에 강력한 균열의 조짐이 보이기 시작했다.

2021년 3월 11일. 뉴스는 종일 쿠팡이 시가총액 100조를 돌파하면서 미국 뉴욕증권거래소에 상장했다는 소식을 전했다. 누군가에게는 그저 짤막한 경제 단신에 불과했을 이 사건은 실제 매우 큰 파장을 몰고 왔다.

〈월스트리트저널〉은 여러 전문가의 의견을 종합하며 이렇게 평가했다.

"한국의 스타트업들이 기업의 패러다임을 변화시키고 재벌을 대체하며, 한국의 경제 구조를 변화시키고 있다."

상장 당시 김범석 쿠팡 이사회 의장은 이렇게 말했다.

"한국인의 창의성이 '한강의 기적'을 만들었으며 우리는 이

놀라운 이야기의 작은 부분이 될 수 있어 매우 흥분된다."

이 사건은 '한강의 기적의 일부'가 아니라 '스타트업이 만드는 기적의 시작'이었다. 특히 과거 뉴욕증권거래소에 상장한 기업들이 포스코, 한국전력, SK텔레콤, KT 등 모두 대기업이라는 점에 비추어볼 때 쿠팡이라는 스타트업의 상장은 더욱 빛이 났다.

이제 외국인 투자자는 한국 투자자에게 이렇게 묻는다.

"넥스트 쿠팡은 어디인가?"

이러한 약진은 한국 경제에서 과거의 패러다임이 무너지고 있으며, 새로운 특이점이 분출하고 있음을 보여주는 상징적인 사건임이 틀림없다.

변종의 늑대에서 진격의 늑대로

필자는 《변종의 늑대》(2019)를 통해 국내외 스타트업 전반을 조명하고 '야생성'을 갖춘 새로운 스타트업 경영자들의 등장을 소개한 바 있다. '변종'은 당시 스타트업이 과거 1970~1980년대의 창업 세대나 2000년대의 벤처 창업 세대와는 완전히 다름을 강조하기 위해 선택한 단어였다. 그리고 팬데믹을 몰고 온 코로나19처럼 빠른 전파력과 확산력을 의미하고자 했다. 그들은 자본 없이 자신만의 비즈니스를 창조하고 기존의 시장을 파괴했으며, 비주류적 아이디어로 주류를 장악해나갔다.

그로부터 3년이 흐른 지금 그 변종의 늑대들은 정부의 탄탄한 자금 지원과 체계적인 창업 훈련의 과정을 거쳐 더욱 압도적인 성과를 이루어냈다. 그런데 그 성과라는 것이 단순히 '성장'과 '발전' 정도의 수준이 아니다. 그들은 연대와 협력의 키워드를 공유하며 젊음을 무기로 전 세계를 향해 '진격'하기 시작했다. 그들의 진격은 시간이 흐를수록 기하급수적이고 폭발적이어서 천재 미래학자 레이 커즈와일Ray Kurzweil이 말한 '수확 가속의 법칙'을 연상케 한다. 언제부터인가 '변종의 늑대'로 자신을 알렸던 한국의 스타트업은 이제 하나의 대열로 글로벌 시장을 향해 달려가는 '진격의 늑대'로 성장했다.

네이버와 카카오, 엔씨소프트 등 규모가 큰 스타트업은 이미 해외에서 확실한 성과를 올리고 있으며 최근 유니콘으로 등극한 야놀자, 두나무, 무신사, 토스 등은 해외 사업에 박차를 가하고 있다. 또한 개인 오디오 방송 플랫폼 '스푼라디오', 학생들의 수학 문제를 풀어주는 인공지능AI 기반 학습 플랫폼 '콴다', 익명 커뮤니티 '블라인드', 동영상 채팅앱 '아자르' 등의 기업들은 적게는 60%에서 많게는 99%까지의 매출을 해외에서 올리고 있다. 이 외에도 몰로코, 센드버드, 어메이즈VR, 밸런스히어로, 오케이홈, 코드브릭, 알스퀘어 등 셀 수 없이 많은 한국 스타트업이 해외로 진출했다. 심지어 아예 한국에 모기업 없이 처음부터 해외에서 창업한 한국 스타트업도 적지 않다. 2020년 코트라가 135개 한국계 스타트업의 해외 창업 현황을 조사한 바에 따르면, 스타트업 10개 중 4개사(37%)가 해외에서 곧바로 창업한 것으로 나타났다.

스타트업은 대한민국 '혁신 도구'다

한국 스타트업의 화려한 성장 이면에는 여전히 해결해야 할 문제점들이 산적해 있다. 한국 정부의 일부 정책과 구조화된 문제점들이 스타트업 육성과 출현을 힘들게 하면서 진격하는 늑대의 발목을 잡고 있다. 미시적으로는 늑대들의 야생성을 빼앗는 과도한 자금 지원 문제가 자리 잡고 있으며, 스타트업 생태계의 한 축인 공무원의 전문성 향상을 막는 보직 제도에도 문제가 있다.

하지만 무엇보다 먼저 스타트업 문제를 바라보는 관점 자체를 재설정해야 한다. 창업, 일자리 창출, 경제성장이라는 한정된 시야로 스타트업을 바라보는 것을 넘어 한국 사회가 직면한 매우 중요한 이슈를 해결할 수 있는 새로운 '혁신 도구'로 봐야 한다.

스타트업은 한국의 교육 문제를 해결할 수 있으며, 인간과 도시의 조화에 관한 새로운 통찰을 가져다줄 수 있다. 심지어 고령화, 양극화, 인구 소멸 등으로 한숨짓는 지자체에도 색다른 솔루션을 제공할 수 있다. 이제 우리는 '어떻게 스타트업을 육성할까'라는 차원을 넘어 '스타트업이라는 혁신 도구로 어떻게 대한민국을 변화시킬까'를 고민해야 할 때다. 그러기 위해서는 문제를 새롭게 정의하고, 방법론의 차원을 달리해야 한다. 혁신 도구가 고장 난 상태에서 제대로 된 혁신이 가능할 리는 만무하다.

우리가 의욕적 도전에 나설 수 있는 것은 아직은 인재들이 끊임없이 배출되고 있기 때문이다. 탄탄한 기업가정신으로 무장한 인재들은 젊고 결의에 차 있다. 미국 경제지 〈포브스〉는 2011년부터 '포브스 30세 이하 리더'를 선정해 발표하고 있다. 2016년부터는 유럽과 아시아 지역으로 확대해 한국에서는 처음으로 4명이 선정되기도 했다. 이후 꾸준히 이름을 올린 한국의 젊은 기업가들은 2021년에 23명이 선정되어 지금까지 총 144명에 이르게 되었다. 이는 일본 133명, 호주 128명, 싱가포르 103명을 앞서는 수치다. 포브스는 리스트를 발표하면서 이런 카피를 내세웠다.

"오늘의 파괴자들과 내일의 밝은 별들."

한국 스타트업들의 진격은 지금부터가 시작이다. '오늘의 파괴자들'은 K-스타트업이라는 지금의 압도적인 성과들을 만들어왔으며, '내일의 밝은 별들'은 스스로 혁신 도구가 되어 대한민국을 놀랍도록 바꾸어놓을 것이다. 그러나 이 모든 희망은 정부 관계자와 지자체, 학교, 스타트업의 각 주체가 얼마나 변할 수 있는가를 전제로 하고 있다. 이 책이 우리가 만들어나갈 밝은 미래에 조금이라도 도움이 될 수 있기를 기대한다.

김영록

Chapter 1

진격의 북이 울렸다 늑대들이 뛰기 시작했다

_ 시대가 바뀌고, 기업이 달라졌고, 인재가 변했다

빠르고 강하며 끈질긴 늑대처럼 대한민국 스타트업들이 새로운 도약을 하기 시작했다. 어떤 이들은 '제2의 벤처 붐'이라고 하지만 지금의 기세라면 단지 붐에서 그칠 것 같지 않다. 지금 대한민국 스타트업들은 대기업 문화를 바꾸고, 일자리를 창출하고, 세계에 진출하면서 한국 경제를 이끌어나가기 시작했다. 특히 과거와 달리 MZ세대가 스타트업을 선호하면서 분위기가 완전히 달라졌다. 이들은 작지만 강한 회사에서 자유롭게 성취감을 느끼며 일하고 싶어 한다. 미국 라스베이거스에서 열린 CES 2022에서의 활약상은 눈부실 정도다. 수많은 '혁신상'을 받으면서 한국 스타트업의 창의성을 전 세계에 알렸다. 지금은 진격의 북을 울릴 때다. 이제까지 성장한 스타트업이 다시 한번 미래를 향해 진격할 수 있도록 말이다.

동굴 속에서 힘을 키운 늑대들

_ 팬데믹 시대에 만들어진 성과들

'생명의 설계도'라 불리는 DNA에 따라 우리는 체격과 체력도 성격과 감성도 저마다 다르다. 물론 DNA가 사람의 운명까지 결정하지는 않겠지만 '설계도'니 만큼 전반적인 틀에서 영향을 미칠 수밖에 없을 것이다. 코끼리처럼 몸집이 큰 짐승이 암에 걸리지 않는 이유는 '암 억제 DNA'가 다른 짐승보다 많기 때문이다. 느닷없이 돌연변이가 탄생하는 데도 DNA가 중요한 역할을 한다. 결국 그 영향력은 제한적일 수 있지만 때로는 '결정타'가 될 수 있다.

기업도 탄생과 사멸의 과정을 거치는 생명체와 같은 존재다. 그러니 그 안에도 분명 DNA라고 불릴 만한 게 있을 것이다. 부족한 자금과 소수의 사람이 살얼음판을 걸으면서 태어나는 스타트업은 체질상 자체적 DNA를 가질 수밖에 없다. 그리고 이번 팬데믹 사태에서 그 DNA가 얼마가 강한지 증명되었다.

아예 본사를 해외로 옮기는 플립 러시까지

코로나19의 여파로 한국 기업의 순이익이 6년 만에 100조 아래로 추락했다. 기업 전반에 걸쳐 작지 않은 타격이 가해졌다는 이야기다. 이번 불황에는 매우 독특한 점이 하나 있다. '평등' 문제가 제기된 것이다. 2021년 1월 미국 〈워싱턴포스트〉는 팬데믹으로 인한 불황을 "역사상 가장 불평등한 불황이다"라고 정의했다. 불평등은 실제 수치로도 확인할 수 있다. 산업연구원이 조사한 바에 따르면 우리나라는 1970년 이후 총 5차례의 대형 경기 침체(1972년 부실기업 및 사채 위기, 1974년 1차 오일쇼크, 1979~1980년 2차 오일쇼크, 1998년 외환 위기, 2009년 세계 금융 위기)로 어려움을 겪었다. 그런데 이번 팬데믹 사태로 산업·업종별 침체(성장률) 편차가 과거 경제 위기 때보다 2.5배에 달하는 것으로 나타났다. 즉 어떤 기업군은 매우 열악한 상태가 되었지만, 또 다른 기업군은 오히려 더 많은 성장을 했다는 의미다.

이렇게 성장한 여러 기업군 가운데 가장 독보적인 위상을 차지하는 기업군이 있다. 바로 '스타트업 DNA'로 사업을 시작한 회사들이다. 스타트업 DNA란 IT 기술을 기반으로 하는 창조적 비즈니스라는 목표 아래 4차 산업혁명에 꼭 필요한 첨단 기술 분야에 존재한다. 위험을 감수하면서 기존의 틀을 깨는 발상의 전환을 즐기며, 활발하게 의사소통을 하고 빠르게 결정을 내리는 조직 문화를 지향한다. 이런 기업들은 몸집이 커지고 규모가 불어나도 자신들이 걸어온 길에서 체득된 DNA로 다른 기업들보다 더 혁신적이고 미래 지향적이게 된다.

팬데믹 사태에서도 네이버, 카카오, 엔씨소프트의 시가총액은 2019년 12월 55조 원에서 2020년 12월 102조 원이 되었다. 팬데믹으로 적지 않은 기업이 침체의 길에서 벗어나지 못하고 있을 때 이들 기업은 2배 가까이 성장한 셈이다. 외국도 상황은 마찬가지다. 마이크로소프트, 아마존, 구글, 페이스북의 시가총액은 4조 9,321억 달러에서 7조 4,560억 달러로 51%나 늘어났다. 이 기업들 역시 대부분의 스타트업과 마찬가지로 집 차고에서 창업한 '차고 창업Garage Startup'의 주역들이자 스타트업 DNA를 고스란히 간직한 회사들이다.

일반 스타트업들 또한 해외 진출이 늘어나고 인수합병에 적극적으로 참여함으로써 그 역동적인 시장의 흐름을 계속해서 이어나갔다. 해외 진출은 '러시'라고 할 정도로 붐이 일었다. 워낙 많은 해외 진출 의지가 있다 보니 각 기관에서는 발 빠르게 이들의 요구를 수용하기 위한 기회를 만들기 시작했다. 한국무역협회에서는 오픈 이노베이션 플랫폼 '이노브랜치'를 통해 해외 글로벌 기업과 협력하며 해외 진출을 지원했다. 참여하는 기업들 역시 하나같이 인지도가 높다. BMW, 다임러, 코카콜라, 골드만삭스, 스타벅스 등과 국내 스타트업이 협업을 했다. 중소벤처기업부는 싱가포르, 스웨덴, 핀란드 등에 '코리아스타트업센터KSC'를 구축하고 해외 진출을 지원하고 있다. 이른바 '플립flip' 러시라는 현상도 발생했다. 센드버드, 알로, 스윗 등은 본사를 해외로 옮기고 아예 '한국 법인'이 아닌 '미국 법인'으로 전환하기도 했다.

에어비앤비의 쇠락과 극적인 부활

특히 인수합병이 활발하다는 것은 그만큼 시장이 활성화되고 있다는 뜻이다. 2020년 인수합병의 주요 트렌드는 바로 '스타트업'이었다. 국내 대기업은 물론 해외 글로벌 기업 역시 한국 스타트업을 인수합병하면서 점차 몸집을 불렸고, 인수합병의 대상이 된 스타트업은 거금을 쥐고 새로운 출발선에 나서기도 했다. 코로나19로 온 세상이 얼어붙은 듯 보였지만, 스타트업의 세계는 호황이라는 따뜻한 햇볕이 내리쬐고 있었다.

물론 스타트업이 코로나19가 만들어낸 '비대면 사회'의 수혜를 입었다고 볼 수도 있다. 하지만 이러한 성장을 반드시 '비대면 사회 때문'이라고 단정적으로 해석해서는 안 된다. 그보다는 오히려 '첨단 기술을 다루는 스타트업 특유의 사업 영역' 때문이라고 봐야 한다. 스타트업의 주요 사업 범주라고 할 수 있는 임베디드 테크놀로지, 디지털 이미징, 사이버 보안, 컴퓨터 주변기기 및 액세서리, 스마트 홈, 로봇, 헬스케어 등을 딱히 '대면이냐 비대면이냐'로 구분 짓기는 모호한 측면이 있다. 게다가 이러한 구분은 업(業)의 본질에도 맞지 않는다.

설령 스타트업의 성장이 '비대면 사회의 수혜' 때문이라 하더라도 정반대의 사례가 너무나 많다. 스타트업으로 시작한 에어비앤비는 업계 대표 주자로 꼽힐 만큼 성공했지만 코로나19가 만든 거대한 위기의 직격탄을 맞을 수밖에 없다. 전 세계에서 쏟아져 들어오는 환불 요청이 예약 건수를 앞지를 정도였다. 에어비앤비는 '우리가 알던 여행은 끝났다'며 깊은 수렁에 빠지기 시작했다. 단 2주 만에 사업의 80%를 잃는 최악의 상황에 직면했다. 그런데 막상 2021년 에어비앤비의 실적을 보니 상황은 완전히 딴판이었다. 3분기 매출은 1년 전보다 67%가 증가했고 순이익은 280%나 늘었다. 그 결과 애초에 팬데믹으로 불가능해 보였던 나스닥 상장까지 이뤄낼 수 있었다.

부활의 비결은 바로 'Go near'(가까운 곳으로 여행 가자)라는 새로운 캠페인에 있었다. 에어비앤비는 사람들이 장거리 해외여행 대신 거주지와 가까운 여행지를 검색한다는 사실을 발견하고 그때부터 본격적으로 캠페인을 주도했다. 에어비앤비의 전략은 적중해 성장세는 다시 폭등하기 시작했다. 공동 창업자 브라이언 체스키는 국내 한 언론사와의 인터뷰에서 이렇게 이야기했다.

"에어비앤비의 적응력 높은 사업 모델과 혁신적인 문화가 이 같은 반등을 가능하게 했습니다. (…) 올해(2021) 들어 에어비앤비는 150개 이상의 서비스 업그레이드를 실시했습니다. 제가 아는 한, 올 한 해 에어비앤비보다 많은 혁신을 이뤄낸 기업이나 산업은 없습니다."[1]

이는 스타트업 DNA인 유연성과 창의적 혁신 그리고 특유의 빠른 문화가 만들어낸 쾌거다.

스타트업은 혼란과 위기 속에서 성장하는 기업이다. 아무리 어려운 상황을 만나도 충분히 헤쳐 나갈 힘을 가지고 있다. 그들은 애초에 위험을 감수한 채로 세상에 태어났다. 규모가 커져 대기업 수준이 되어도 스타트업의 조직 문화를 잊지 않는다. 넷플릭스는 여전히 기존의 룰을 파괴하는 혁신자의 자세를 잊지 않고 있으며, 애플 역시 여전히 성공에 배고픈 스타트업의 모습을 간직하고 있다. 카카오 또한 직원 1만 명에 100개가 넘는 계열사가 있지만 초창기 '카카오스러움'을 유지하기 위한 고민이 이어지고 있다. 또 사업 확장으로 영세 자영업 사업에도 진출한다는 여론으로 곤경에 처해 새로운 돌파구를 모색 중이다.

이제 우리는 한국 스타트업이 앞으로 다가올 또 다른 위기에 어떻게 대응할지 충분히 예상할 수 있다. 포스트 코로나든 위드 코로나든 상관없다. 그들은 변해가는 세상의 선봉에 서서 한국 경제의 활력을 이끌고 미래를 창조해나갈 것이다.

대한민국 창업자들의 변화

_ CES 2022의 혁신상을 가능케 한 것

과거 한국 청년들의 창업 역량은 세계 최하위권이었다. 무엇보다도 안정적인 직장을 선호했다. 실패에 대한 두려움이 창업에 큰 걸림돌이 되었고, 기업가정신도 매우 낮은 수준이었다. 각종 설문 조사나 연구 지표를 보아도 이러한 경향은 뚜렷했다. 한국 스타트업들이 조금씩 글로벌 시장에서 부상하는 모습을 보이기 시작한 것은 2020년부터다. 대표적 시그널이 바로 세계 최대 규모의 전자제품박람회인 CES에서의 '혁신상' 수상이다. 과거에는 그저 몇몇 눈에 띄는 스타트업이 혁신상을 받았을 뿐이었다. 하지만 2019년 이후부터 서서히 발동이 걸리기 시작하더니 최근 2021년과 2022년 CES에서는 압도적인 성과를 보이기 시작했다. 최근 몇 년 사이에 무언가 뚜렷한 변화가 있었다는 뜻이다. 과연 무엇이 대한민국 스타트업을 변하게 한 것일까? 이는 초창기에 막 세력을 형성한 '변종의 늑대'가 어떻게 전 세계를 향해 뛰어가는 '진격의 늑대'가 되었는지를 설명해줄 수 있는 물음일 것이다.

스스로 자신을 도태시키는 용기

'CES 혁신상'은 CES에 출품되는 제품을 대상으로 디자인, 기술력, 사용자 가치 등의 혁신성을 종합적으로 평가해 선정한다. 따라서 이 상을 받은 제품이나 기술은 당연히 '혁신적이다'라고 말할 수 있으며, 이는 곧 제품 개발을 주도한 스타트업 대표의 혁신적 사고 능력을 대변해준다.

2019년 CES에서 혁신상을 받은 한국 스타트업은 7개에 불과했다. 스타트업보다는 오히려 삼성과 LG의 기술력이 더욱 빛이 나는 판세였다. 그런데 2022년 CES에서는 무려 139개 기술과 제품이 혁신상을 받아 최다 수상 기록을 경신했다. 이는 전체 623개 혁신상 중 22.3%를 한국 스타트업이 차지했다는 뜻이다. 이 수치가 기록적인 이유는 글로벌 스타트업 시장에서 한국이 차지하는 비중은 불과 1% 정도밖에 안 되기 때문이다. 이 1%들이 전 세계 스타트업들이 각축전을 벌이는 혁신상 부분의

22.3%를 장악했다는 사실은 다윗과 골리앗의 싸움에 비유할 만하다. 주목할 점은 골리앗에 맞선 다윗의 '용기'다. 물론 다윗의 돌팔매질 기술도 유효했겠지만 말이다.

마이크로소프트 창립자 빌 게이츠는 이런 말을 한 적이 있다.

"모든 기업은 끊임없이 제품을 혁신한다. 성공하는 기업은 다른 기업이 자신의 제품을 도태시키기 전에 스스로 자신의 제품을 도태시킨다."

자신을 도태시키고 현재 시장에 존재하는 모든 경쟁자를 도태시켜버리겠다는 열망과 도전은 가히 용기백배하지 않으면 불가능한 일이다.

지금 한국 스타트업 청년들이 가지고 있는 그 혁신의 기세란 전 세계 그 어느 곳도 부럽지 않을 정도다. 사실 2020년 이전까지만 해도 한국 청년들은 스타트업 앞에서 유난히 '약골'이었다. OECD가 발간한 〈중소기업 경영환경 보고서〉에 따르면 2014년 기준 한국에서 창업을 긍정적으로 본 비율은 12.7%로 전체 34개 회원국 중 33위를 기록했다. 당시 1위인 스웨덴은 70.1%가 창업을 긍정적으로 인식해 한국과 상당한 격차를 보였다. 중소벤처기업부와 한국청년기업가정신재단이 발표한 〈2017 기업가정신 실태조사〉도 마찬가지였다. 창업이나 창업자에 대한 사회 전반의 인식 수준이 나아졌음에도 여전히 안정된 직업에 대한 선호나 실패에 대한 두려움이 창업 확산에 걸림돌이 되고 있었다. 그런데 3~4년 사이 상황이 완전히 달라진 것이다. 우리 스타트업 생태계에 무슨 일이 일어난 것일까? 한국 스타트업 청년들이 용기백배 할 수 있게 된 이유는 무엇일까?

2018년을 주목해야 하는 이유

그 뚜렷한 징후의 출발은 2018년이라고 할 수 있다. 2017년까지만 해도 민간기업의 투자액은 약 82억 원 수준이었지만 2018년을 기점으로 급격하게 불어나기 시작했다. 2018년 이후 매년 2배, 3배로 늘어나며 심지어 2020년에는 3,000억 원을 돌파했다. 정부 자금 지원도 비슷한 시기에 늘어났다. 2017년 5월 탄생한 문재인 정부는 초창기 정부 구성을 마치고 2018년부터 본격적으로 스타트업에 투자했으며 4년간 4,726억 원을 집중적으로 지원했다. 이는 지난 20년간 총투자 금액의 60%에 이르는 막대한 비중이다. 다시 말해 2018년은 민간투자와 정부투자의 봇물이 터진 첫해라고 볼 수 있다. 그 결과 다양한 수혜 속에서 자라온 스타트업들이 3년 정도의 데스벨리를 무사히 건넌 후 2020년, 2021년부터 성과를 내기 시작했다.

다만 정부의 과도한 지원금과 투자는 생태계 교란을 불러올 수 있어 공과가 존재하지만 이것에 힘입어 2021~2022년 CES 혁신상 수상으로 이어졌다고도 생각한다. 초기의 굶주린 몇몇 늑대들이 자금이라는 든든한 보호막 아래 튼실하게 성장할 수

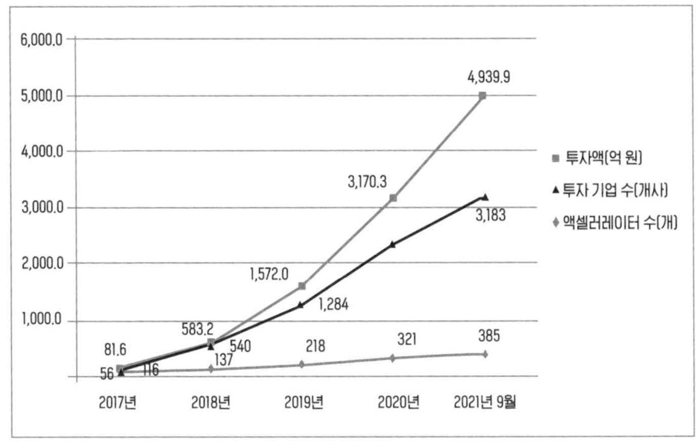

2017년 이후 스타트업 투자액 추이.

있었고, 이런 모습을 본 또 다른 청년들이 그 늑대의 대열에 과감하게 합류한 것이다.

핀란드 청년도 창업이 두렵다

스타트업의 발전은 자금 지원만 한다고 해서 되는 일이 아니다. 생태계 내부에서도 분명한 변화가 일어나야 한다.

핀란드는 매년 세계 최대 스타트업 축제 '슬러시SLUSH'를 개최할 정도로 '스타트업의 천국'으로 불리며 우리나라 스타트업의 모범이 되어왔다. 2011년부터 정부가 지원을 시작해 현재 4,000개 이상의 스타트업이 탄생했다. 한 번쯤 들어봤을 게임

'클래시 오브 클랜'과 '앵그리버드'가 핀란드 스타트업의 작품이다. 인구라고 해봐야 서울의 절반 정도인 550만 명에 불과한 나라에서 이뤄낸 대단한 성과다. 하지만 핀란드가 처음부터 스타트업의 천국이었던 것은 아니다. 그들도 한때 창업을 '지옥'으로 여긴 적이 있었다.

2019년 한국을 찾은 슬러시의 모아팍 아흐메드 VC총괄은 이런 이야기를 했다.

"핀란드가 처음부터 창업 환경이 좋고 스타트업 생태계가 활성화된 곳은 아니었다. 인프라뿐 아니라 문화적으로도 실패를 두려워하거나 체면을 구겼다고 생각하는 것이 일반적이었고 지금도 여전히 그렇다. (…) 똑똑한 학생들은 모두 대기업, 은행에서 일하려 했다. 모두들 창업은 위험하고 실패로 귀결될 거로 생각했기 때문이다."[2]

한국의 과거 상황과 매우 흡사하다. 문제는 어떻게 '스타트업의 천국'이 될 정도로 많은 청년이 용기 있게 창업에 나설 수 있었느냐다. 슬러시의 안드레아스 사리 대표는 이렇게 말했다.

"나 혼자 잘살겠다는 마음보다는 내가 가진 것을 다시 나누면 이것이 다시 새로운 씨앗seed이 됩니다. 새로운 스타트업을 지원하고 협력하는 문화야말로 오늘날 '창업 강국' 핀란드를 만들어 낸 원동력입니다."[3]

핀란드 창업 시장을 지옥에서 천국으로 변하게 한 것은 다름 아닌 스타트업 생태계에 피어난 '협력 문화'였으며, 이를 가능케 하는 것은 바로 네트워킹 파티다. 이 행사는 벤처캐피털 관계자, 투자자, 창업 전문가들이 직접 1:1로 창업자들을 만나고, 또 창업자들끼리 인맥을 확장할 수 있는 매우 소중한 기회다. 사업적 비전을 도모하고 개인적 인맥도 늘리는 일석이조의 장이자 스타트업 생태계 내에 협력 문화를 만들어내는 토대가 된다. 네트워킹 파티가 있는 것과 없는 것에는 큰 차이가 있다. 사막에서 각자 흩어져서 생존의 길을 찾는 것은 외롭고 고통스러운 일이다. 오로지 개인의 기업가정신에만 의존하는 데도 한계가 있을 수밖에 없다. 하지만 곁에서 누군가 다독여주고 도움을 준다면 외로움과 두려움을 극복하고 더 많은 힘을 낼 수가 있다. 핀란드 청년들의 용기에는 바로 이렇게 각종 매칭 행사와 네트워킹 파티를 통해서 연대하고 협력하는 소중한 문화가 있었다.

전열 정비에서 총진격으로

한국 스타트업업계의 약진에도 바로 이러한 문화가 큰 힘을 발휘했다. 초창기의 신호탄은 박근혜 정부가 2013년부터 쏘아 올린 '창조경제박람회 네트워킹 파티'였다. 정부에서 본격적으로 네트워킹 파티를 주도하면서 창업자들을 오픈된 장소로 초대하기 시작했다. 이후 조금씩 활성화되기 시작했으며 2017~2018년부터는 창업자들에게 네트워킹 파티는 거의 일상적인 행사가 될 정도였다. 특히 이때부터는 한번에 100여 개 기업과 기관의 관계자가 한자리에 모일 정도로 대규모로 개최되었고, 소규모의 비어Beer 파티까지 다채롭게 조직화되었다. 여기에 대기업까지 참여하면서 그 열기가 더욱 달아오르기도 했다. 또 '이짝워떠?'라는 재미난 이름으로 파티가 열려 젊은 창업자의 톡톡 튀는 아이디어들도 반영되었다. 대체로 이런 네트워킹 파티에는 성공한 선배 창업자나 전문가의 강연이 마련되어 창업자들이 자신의 지식을 심화할 수 있는 매우 훌륭한 기회가 주어진다. 파티에서 창업자들은 혼자만 하던 고민을 전문가나 동년배 창업자와 대화할 수 있고 다른 이들의 비즈니스 스타일을 보면서 새로운 영감을 얻기도 한다.

2018년을 기점으로 폭발적으로 늘어난 민간과 정부의 투자 그리고 2017~2018년부터 거의 일상화되기 시작한 네트워킹 파티. 이 2가지 흐름이 스타트업 창업자들에게 튼실한 영양분과 심리적 연대감을 주어 비로소 창업에 약골이었던 청년에게 '용기'라는 훌륭한 자산을 심어주었다. 점점 날카로운 눈빛을 가진 늑대로 자라난 그들은 드디어 2020년부터 '전열 정비'의 단계를 훌쩍 뛰어넘어 '총진격'으로 넘어갈 수 있게 되었다.

과거를 돌아보면 미래를 알 수 있는 법이다. 지난 시절을 돌이켜보면 한 해 한 해 스타트업에 대한 지원이 얼마나 중요한지 그리고 그 지원들이 창업자들을 얼마나 훌륭하게 키울 수 있는지를 뼈저리게 실감한다. 2021년 말 국내 스타트업 및 벤처기업의 총매출액은 207조 원으로 삼성에 이어 재계 2위가 되었다는 뉴스가 보도되었다. 전체 고용 규모는 상위 4대 그룹보다 6만 6,015명이나 많았다. 이제 우리에게 주어진 이 소중한 보물과 같은 스타트업을 어떻게 키워갈지 다시 고민을 이어가야 할 시점이다.

Interview

"한국 스타트업의 해외 진출을 위해 실증 과정이 반드시 필요하다"

이동기

(COEX 사장, 전 한국무역협회 혁신성장 본부장)

스타트업의 활발한 해외 진출과 더불어 최근 실증PoC, Proof of Concept의 중요성이 대두되고 있다. 실증이란 스타트업이 대기업이나 중견기업과 협력해 혁신 기술을 실제 테스트해보는 것을 뜻한다. 이렇게 하면 스타트업의 아이디어나 제품, 서비스가 현실에서 어떻게 작동하는지를 알 수 있게 되고 창업자들은 테스트 결과에 따라 구체적으로 사업 방향을 수정할 수 있다. 전체 스타트업의 약 90%가 실증의 필요성을 느끼고 있는 것으로 나타났다. 좀 더 구체적으로 ① 타 기업과의 비즈니스 레퍼런스 등 트랙 레코드 확보, ② 활용성 실증으로 제품 출시 여부 판단, ③ 기술 보완 등을 실증이 필요한 이유로 꼽았다. 이런 실증의 기회를 제공하는 데 가장 앞서가는 기관이 바로 한국무역협회이다. COEX 이동기 사장(전 한국무역협회 혁신성장 본부장)의 이야기를 들어보자.

"최근 국내 스타트업들의 기술, 제품, 비즈니스 모델을 국내

외에서 실증할 수 있는 기회를 확대하고 있다. 국내는 무역센터와 KT, 현대중공업그룹 등 AI One Team 소속 기업에서, 해외는 미국과 스페인, 영국 등 유럽의 쇼핑몰, 경기장, 기업 현장 등에서 실증사업을 확대해나가고 있다. 벤츠, BMW 등 글로벌 자동차 기업들과는 다국적 이업종(異業種) 실증사업을 추진 중이다. 2022년에는 국가 간 실증 교환Cross Border Testing 프로그램으로 발전시킬 계획이다."

이러한 실증 기회가 국내를 넘어 해외로까지 확대된다는 것은 국내 스타트업들의 글로벌 경쟁력을 키우는 데 매우 획기적인 기회가 될 수 있다. 그리고 이러한 기회를 통해 글로벌 경쟁력을 입증하게 되면 스타트업은 더 쉽게 투자받을 수 있다고 한다. 더구나 인구가 적은 한국의 시장에서는 더욱 해외 진출을 가속해야 한다. 컬럼비아대학교 교수이자 린 스타트업 개발에 영감을 준 스티브 블랭크는 이런 말을 한 적이 있다.

"스타트업이 스케일업scale-up하려면 국가 내에 1억 명의 인구가 필요하다. 인구가 1억 명 이하일 경우 스타트업은 태생적 글로벌 기업이 되어야 하고, 국가는 해외 진출 전략을 짜야 한다."

그런 점에서 실증 진행은 해외 진출을 위한 투자 유치에도 매우 유리하다고 볼 수 있다. 이동기 사장은 전체적인 방향을 다음과 같이 제시한다.

"스타트업에게 가장 중요한 2가지는 고객 확보와 투자 유치다. 고객 확보는 새로운 기술, 제품, 비즈니스 모델이 소비자나 산업 현장에서 잘 쓰일 수 있는지 적용해보고 레퍼런스를 확보하는 것이다. 스타트업들이 투자를 받으려고 할 때 투자자들이 가장 관심을 두는 지표 중 하나가 목표 시장의 크기이다. 기술이나 제품이 아무리 훌륭해도 시장의 크기가 작다면 그 스타트업의 성장은 한계를 가질 수밖에 없다. 해외 진출은 목표 시장의 크기를 키우고 빠른 성장을 이루기 위해 반드시 가야 할 길이다. 투자자들에게 글로벌 경쟁력을 입증하는 것만큼 투자 가능성을 높이는 것도 없다."

한국무역협회는 포스트 코로나 이후 스타트업의 해외 진출을 높이기 위한 '포춘 500 커넥트Fortune 500 Connect'를 진행하고 있다. 국내 스타트업과 글로벌 대기업을 연결해주는 프로그램으로 2018년 처음 시작되었다. 이 같은 프로그램은 이른바 개방형 혁신Open Innovation을 원하는 글로벌 대기업들의 수요도 충족해줄 것으로 보인다.

한편 이동기 사장은 향후 스타트업이 대기업과 함께 가야 한다는 사실을 강조한다.

"글로벌 경쟁도 기업 대 기업의 경쟁이 아닌 팀alliance 간 경쟁으로 변하고 있다. 대기업 및 중견기업과 스타트업 모두 과거의 폐쇄형 혁신이나 나 홀로 성장 구조로는 속도와 품질 경쟁에서 이길 수 없다. '만들 수 있는가'의 문제가 아니라 속도의 문제다. 중국 속담에 '빨리 가려면 혼자 가고 멀리 가려면 같이 가라'는 말이 있다. 이제 혼자서는 빨리 갈 수도 없다. 대기업 및 중견기업과 스타트업이 함께 가야 한다."

실증에 관한 스타트업 창업자의 수요와 그것이 가져다주는 결과는 이미 검증이 되었다. 이제 한국무역협회는 물론이고 여타 기관들도 이런 실증의 기회를 더 많이 만들어 제공해야 할 것이다.

미 미 미 제네레이션
_ '무한 성장 욕구'로 무장한 늑대들

미국 시사주간지 〈타임〉은 M세대를 의미하는 밀레니얼 세대를 새롭게 정의했다. 바로 '미 미 미 제네레이션Me Me Me Generation'이다. 모든 것이 '나'에게 초점이 맞춰져 있으며, '내'가 가장 중요한 세대다. 이들의 세계관에서는 나의 성장, 나의 가치, 나에 대한 보상이 제일 중요하다. 이제까지 밀레니얼 세대에 관한 수많은 특징이 언급되었지만 그 모든 것은 바로 이 '나'에서 파생된다고 해도 과언이 아니다. 중요한 점은 이러한 세대적 특징이 스타트업으로의 인재 유입에 매우 긍정적인 환경을 조성한다는 것이다. 절박한 생존 환경에서 자라난 세대, 회사가 나를 지켜줄 수 없다는 사실을 깨달은 세대다. 하지만 이들을 향해 두 팔을 활짝 벌려 높은 보상과 자기 성장의 기회를 부여하는 스타트업의 조직문화와 이 세대는 최고의 궁합이 아닐 수 없다. 한국 스타트업의 밝은 미래는 거부하기 힘든 시대의 흐름 자체가 만들어내고 있다.

다음 시대를 이끌 핵심축

시대가 바뀌면 사람이 변하지만 사람이 바뀌어도 시대가 변한다. 디지털 시대로 접어들면서 사람들의 생각과 행동이 달라졌으며, 이러한 변화는 또다시 시대의 변화를 촉진한다. 그런 점에서 지금 젊은 세대의 내면을 추적하는 것은 앞으로 우리에게 어떤 세상이 다가올지를 추적하는 것과 다르지 않다.

MZ세대. 그들은 다음 시대를 이끌어갈 핵심 주축이기에 사회적으로도 많은 조명을 받아왔다. 일자리 창출이나 경제적 지원에서 중요한 고려 대상이 되었고, 지난 대통령 선거에서는 그들의 표가 선거를 좌우한다면서 정치적으로도 많은 관심을 끌었다. 그러나 우리는 MZ세대가 지닌 폭발력을 전혀 다른 관점에서 봐야 한다. 그들을 단순히 '기존과는 다른 특징을 가진 새로운 존재'로만 볼 것이 아니라 '그 색다른 특징으로 열어갈 세상은 어떤 모습인가'도 함께 봐야만 한다.

국내 한 언론사와 채용 스타트업이 MZ세대가 가고 싶어 하는 회사를 조사해 발표했다. 보통은 월급을 많이 주고 안정적인 삼성, LG 등의 대기업이 손꼽힐 것이라고 예상했지만 그 결과는 달랐다. 상위 5개 기업 모두가 스타트업이었기 때문이다.

1위는 중고 거래 플랫폼 당근마켓, 2위는 암호화폐(가상화폐) 거래소 두나무, 3위는 의류 쇼핑몰 카카오스타일, 4위는 핸드메이드 제품 플랫폼 아이디어스, 5위는 패션 플랫폼 에이블리였다. 한 대기업 인사 담당 임원은 다음과 같이 말했다.

"꼭 뽑아야 하는 능력을 가진 우수 학생들의 진로 선호도를 파악해 보니 창업과 구글·페이스북·스타트업 취업이 최우선이었고 그다음이 네이버·카카오, 삼성전자·SK텔레콤 같은 대기업은 3순위가 됐다."[4]

네이버와 카카오가 3순위인 이유는 MZ세대는 이미 두 회사를 '대기업'으로 생각하고 있기 때문이다. 스타트업 모임인 스타트업얼라이언스의 조사도 비슷했다. 대학생들 가운데 스타트업 취업을 희망하는 비율은 2021년 기준 30.5%였으며 이는 꾸준하게 오르는 추세다.

한 업계의 발전은 결국 얼마나 인재가 모이느냐가 결정한다. 좋은 인재가 많이 모이면 그에 따른 발전은 너무도 당연한 것이다. 한국 스타트업업계에 인재가 몰리고 있다는 것은 긍정적이고 미래 지향적인 전망을 가능케 해 시사하는 바가 크다. 필자 역시 현장에서 미국의 유명 대학이나 한국의 상위 대학을 졸업한 데다가 아마존, 삼성 등에서 경험을 쌓은 인재들이 스타트업을 선택하는 일을 숱하게 보아왔다. 여전히 대기업과 공무원이 최고라고 생각하는 기성세대라면 이른바 '꼰대'라고 해도 될 것이다.

세계에서 가장 두려움 없는 사람들

인재들이 스타트업에 몰리는 이유는 명백하다. 바로 스타트업이 그들의 세대적 특징인 '나'를 만족시킬 수 있는 최적의 조건을 갖추고 있기 때문이다. 최적의 조건이란 경제적 보상과 성장 욕구 측면에서 볼 수 있다.

먼저 경제적 보상에서 성공한 스타트업은 대기업도 상상하기 힘든 큰 보상을 제공한다. 초봉은 대기업이 훨씬 높지만 스톡옵션까지 감안하면 대기업을 넘어서는 수준이다. 핀테크 스타트업 토스는 2018년 전 직원에게 1억 원의 스톡옵션을 제공했고, 3년 만에 회사 가치가 5배가 뛰어 1억이 5억이 되었다. 대기업에서 연봉 7,000만 원이 되는 데 평균 10년 정도 걸리므로 스타트업의 파격적인 보상은 비교 불가한 수준이다. 연봉 인상 시기나 그 상승률도 매우 빠른 속도를 보인다. 한 IT 스타트업은 연봉을 80% 이상 올리기도 했다. 경력을 갖춘 엔지니어는 입사만 해도 5,000만 원에서 1억 원을 바로 지급받기도 한다. '나'에 대한 보상만큼은 스타트업이 대기업보다 훨씬 나은 조건이다.

다음은 '나'의 성장 욕구다. 대기업을 선호하지 않는 MZ세대 대부분은 '내가 성장하는 느낌을 받지 못하기 때문'이라고 그 이유를 밝힌다. 또한 다수의 조사 결과에서도 이들은 회사의 성장보다 자신의 성장을 매우 중요하게 생각해 자아실현과 지적 성장을 추구한다. '일잘러'(일 잘하는 사람)라는 신조어 역시 그들의 성장 욕구를 반영하고 있다. 연공서열을 불합리하다고 생각하고 '공정'의 가치를 내세우는 그들은 스스로 성장해 높은 단계에 올라야만 그에 합당한 대우를 받을 수 있다고 생각한다. 스타트업은 MZ세대의 성장에 대한 욕구를 채워주기에 좋은 환경을 갖추고 있다. 소규모로 운영되는 팀에서는 의사소통이 원활하고 조직 문화도 권위적이지 않아 MZ세대가 적극성을 발휘한다.

스타트업과 MZ세대. 연애로 따지자면 서로가 서로에게 매력적인 최적의 상태며, 현실적 보상과 만족감에서도 더 나은 조건을 찾기 힘들다.

밝은 미래를 약속하는 사회적 인식

스타트업의 미래가 더 희망적인 것은 바로 성공한 창업자에 대한 사회 인식이 매우 좋고 한국 청년들의 위험 감수 능력은 세계 최강이라는 점이다.

2020년 영국 런던경영대학원과 미국 뱁슨 칼리지가 협력하여 전 세계 44개국을 대상으로 조사해 '글로벌 기업가정신 모니터GEM' 결과를 발표했는데, '성공 창업자에 대한 인식' 부분에서 한국은 86점이었다. 이는 세계 7위에 이르는 수준이다. 미국은 79.7, 영국은 76.7, 독일은 80.7이었다. 결과적으로 스타트업에 대한 국민의 인식이 선진국보다 더 낫다는 의미다. 더 놀라운 수치가 있다. 같은 조사에서 '실패에 대한 두려움'으로 창업을 망설이는 비율은 조사 대상 국가 중 한국은 가장 낮은 수준인 세계 1위였다.

성공한 창업자에 대한 인식이 가장 좋은 사회 그리고 실패에 대한 두려움이 가장 낮은 청년. 이 2가지 요인의 화학적 결합은 앞으로 있을 강한 스타트업 열풍의 진원지가 될 것이다.

한국 사회에서 '스타트업'이라는 말이 쓰이기 시작한 때가 2014년 무렵부터다. 하지만 그때까지만 해도 'MZ세대'라는 말은 쓰이지도 않았다. MZ세대의 특징이 제대로 발현되지 않은 시기였고 스타트업 환경 역시 매우 열악한 시기였다. 그런 시간이 흘러 이제 MZ세대의 특징과 스타트업의 원숙한 환경이 만난 것이다. 사회적 토양은 우호적이고 창업 주체인 세대는 두려움을 모르는 전사로 성장했다. 한국 스타트업의 희망은 막연한 바람이 아니다. 바로 이러한 구조적 환경에 의해서 담보되고 있으며, 이를 어떻게 잘 유지하고 지원하느냐가 미래 한국 경제를 성장시키는 힘이 되어줄 것이다.

Interview

"뉴 노멀 시대, 누구도 시도하지 않은 새로운 혁신 기술이 필요하다"

김종윤

(야놀자&야놀자클라우드 대표)

야놀자는 글로벌 여가 플랫폼 기업이자 국내 7호 유니콘이다. 창업자는 모텔에서 아르바이트하던 중 온라인 카페를 운영하기 시작했고 결국 창업 14년 만에 유니콘 대열에 합류하면서 성공의 역사를 써왔다. 야놀자는 현재 '야놀자클라우드'를 통해서 해외 사업을 가속화하고 있다. 김종윤 대표로부터 이제까지의 성공 요인과 미래의 발전 계획에 관한 이야기를 들어보았다.

Q 야놀자의 오늘날 성공 요인과 야놀자의 테크놀로지란 구체적으로 무엇인가?

야놀자의 성공 요인은 공간의 디지털화라는 명확한 목표 정립, 적극적인 R&D 투자 그리고 글로벌화에 있다고 생각한다.

공간은 사람이 가장 오랜 시간을 머물고 소비하는 곳인데도 디지털 전환은 가장 느리게 이루어지고 있는 대상이다. 주로 부킹 플랫폼 등을 통해 예약하고 실제 서비스는 부킹 플랫폼이 아닌 호텔, 레저 시설, 공연장 등 공간 사업자를 통해 제공된다. 만약 공간 사업자와 부킹 플랫폼 간의 데이터 연결이 제대로 이루어지지 않는다면 고객은 불편을 느낄 수밖에 없고, 공간 사업자는 운영 효율을 높이기 어려워진다. 매뉴얼 작업의 오류로 인해 컴플레인도 자주 발생하게 된다.

야놀자는 공간의 디지털 전환을 위해 글로벌 SaaSSoftware as a Service 기업인 야놀자클라우드를 설립하고 전 세계 170개국에서 60개 이상의 언어로 5만여 개의 고객사를 대상으로 클라우드 솔루션을 제공하고 있다. 이미 호텔 업계에서 클라우드 솔루션 기업으로는 글로벌 1위에 올라섰고, 매년 60% 이상의 높은 성장세를 보인다. 여기에 더해 공간 디지털화 사업 범위를 숙박뿐만 아니라 주거, 레저, F&B 등 다양한 영역으로 확대하고 초개인화·자동화 서비스까지 동시에 제공할 수 있는 AI 기반의 데이터 플랫폼까지 구축하고 있다.

최근에는 인터파크를 인수해 글로벌 여행 시장 공략의 기틀도 마련했다. 특히 항공, 레저, 패키지투어 등의 해외여행 사업과 공연, 전시, 스포츠 등 티켓 사업 영역에서도 독보적인 인벤토리와 IP를 보유함으로써 슈퍼앱 관점에서도 차별화된 글로벌 경쟁력을 갖추게 되었다. 모든 공간 데이터를 디지털화하고 상호 연결하여 더욱 편안하게 다양한 공간 서비스를 받을 수 있는 기틀을 마련한 것이다.

성공적인 디지털 전환을 위해서는 다양한 공간 영역의 B2B2C Business to Business to Consumer 밸류 체인을 원스톱으로 연결하고 이를 하나의 플랫폼으로 통합·표준화해야 한다. 클라우드 기반의 B2B 솔루션은 기존 온프레미스 On-premise 기반의 설치형 솔루션과 달리 비대면 설치와 지속적인 무선 업데이트 Over the Air 가 가능해서 공간 운영 비용을 파격적으로 낮출 수 있다. 또한 API 표준화를 통해 B2C 서비스는 낮은 어카운트 운영 비용으로도 고객 기호에 맞는 슈퍼앱 서비스 제공이 가능해진다.

이를 위해서는 반드시 클라우드, AI, 블록체인, 빅데이터, 사물인터넷 IoT 등 새로운 디지털 기술들이 다수 적용되어야 한다. 야놀자가 테크놀로지를 강조하고 '테크 올인 Tech All-in'까지 선언하며 국내를 넘어 글로벌 테크 기업으로 빠르게 도약하려는 이유다. 이미 야놀자는 대한민국을 비롯해 인도, 동남아시아 등에 글로벌R&D센터를 구축하고 있으며, 앞으로도 공격적인 투자를 지속하여 글로벌 No.1 공간 솔루션 및 트래블테크 기업으로 성장할 것이다.

야놀자의 글로벌 확장 전략은 현지 파트너십 강화, 새로운 가치 창출, 수익화 모델 제시라는 3가지 축으로 이루어진다. 우선 인도 이지테크노시스 eZee Technosys 와 동남아시아 젠룸스 ZEN Rooms 를 인수하고 아프리카 호텔온라인 Hotel Online, 베트남 브이앤트래블VNTravel 등 국가별 핵심 기업들과 파트너십을 맺으면서 글로벌 No.1 클라우드 솔루션 기업이라는 성공적인 확장 성과를 이루어낼 수 있었다.

야놀자는 또한 판매자와 소비자를 단순히 연결해주는 온라인 트래블 에이전시OTA가 아닌, AI를 기반으로 한 새로운 가치 창출이 가능한 데이터 플랫폼이다. 숙박, 레저, 공연, 교통까지 풍부한 여행 및 여가 데이터를 활용해 최신 트렌드를 예측하고 고객 맞춤형 서비스를 제공하여 고객 만족도 제고 및 매출 증대의 기회를 제공하기 때문이다. 게다가 비대면 자동화를 통해 운영 효율을 높이고 공간 데이터를 체계적으로 관리하여 부동산 가치 상승을 위한 인사이트까지 얻을 수 있는 통합 솔루션으로 진화해나가고 있다.

이처럼 야놀자는 공격적인 R&D 기술 투자와 공간 산업에 대한 본질적인 이해를 바탕으로 다양한 공간 영역으로 사업 범위를 빠르게 확장하고, 선제적 디지털 전환을 통해 국내를 넘어 글로벌 시장에서 사업 성과를 가시화하고 있다.

Q 스타트업이 야놀자처럼 되는 게 꿈인데 조언을 해준다면?

모든 산업의 근원적 변화는 뉴 노멀New Normal, 즉 기존과는 완전히 다른 새로운 표준과 삶의 방식이 도래할 때 나타난다. 클라우드, AI, 블록체인 등의 신기술들과 코로나19, 탄소 중립 등의 트렌드가 만드는 뉴 노멀은 기존의 산업혁명이나 정치 문화적 변화보다 이 세상을 더 급격하게 그리고 파괴적으로 변화시킬 것이다.

뉴 노멀 시대에는 모든 산업 영역에서 파괴적 혁신disruption을 선도하는 스타트업 기업들이 등장할 것이다. AI 등 디지털 기술 기반의 데이터 플랫폼 혁신도 더 가속화될 것이다. 특히 탄소 중립, 즉 넷제로Net-Zero Emission(탄소 순배출 총량 0)는 지구와 인류를 지켜야 한다는 명백한 당위성을 가진 어젠다인 만큼 그 핵심 솔루션인 디지털 전환의 중요성은 더욱 부각될 것이다.

디지털 전환이 일상화되는 뉴 노멀 시대에서는 잠깐만 멈칫하면 누구나 순식간에 뒤처질 수 있고, 반대로 옳은 방향으로 빠르게 움직이면 누구나 글로벌 시장을 혁신할 리더가 될 기회도 가질 수 있다. 결국 속도와 파트너십이 핵심 키워드인 것 같다. 즉 디지털 전환은 이제 선택이 아닌 필수이며, 개별 기업이나 플랫폼만의 힘이 아닌 협력과 파트너십을 통해서만 달성할 수 있다.

야놀자가 뉴 노멀 시대에 맞춰 누구도 시도하지 않은 새로운 혁신 기술들을 글로벌 시장에 도입하는 것처럼, 많은 스타트업 기업들이 뉴 노멀 시대를 잘 이해하고 활용한다면 글로벌 무대에서 우뚝 설 엄청난 기회가 더 많이 주어지게 될 것이다.

ESG 세대의 스타트업

_ 기업의 미래를 바꿀 대항해

기업을 바라보는 관점은 시대와 사상에 따라 달라져왔다. 1800년대 말에는 마르크스와 엥겔스의 관점이 매우 주효했다. 그들은 기업을 '착취의 주체'로 규정하며 자본가의 잉여가치가 증가할수록 노동자에 대한 착취가 정비례해서 증가한다고 주장했다. 1900년대 들어오면서 이러한 관점은 완전히 달라졌다. 대표적으로 노벨경제학상을 받은 밀턴 프리드먼은 기업을 이윤을 극대화하면서 생산과 고용을 창출하고 사회와 국가의 번영을 가져올 수 있는 집단으로 설명했다. '착취'가 사라지고 '번영'이 그 자리를 대신한 것이다. 2022년 현재 기업을 바라보는 관점을 나타내는 핵심 키워드는 바로 ESG 경영이다. 기업은 이제 환경과 사회에 대한 책임과 지배 구조의 투명성을 보여야 한다. 여기에는 '번영'이라는 성장의 관점보다는 '책임과 투명성'이라는 도덕적 관점이 반영되어 있다. 중요한 점은 이러한 시대적 관점에 가장 충실한 세대가 등장했으며, 이들이 바로 차세대 기업의 위상을 완전히 변화시킬 수 있으리라는 전망까지 낳고 있다는 것이다.

기업에 대한 새로운 관점

사회주의 소련이 붕괴한 지도 30여 년이 흘렀다. 그렇다면 기업을 보는 사회주의적 시선에도 변화가 생겼을까? 안타깝게도 기업을 부정적으로 보는 시선은 여전하다. 2021년 3월 한국경영자총협회가 민간기업 109곳을 대상으로 '반기업 정서 기업 인식조사'를 한 결과 반기업 정서가 존재한다고 응답한 기업은 전체의 93.6%에 달했다. 심지어 1,000명 이상의 대기업에서 이러한 반기업 정서가 심화되었다고 응답한 비율은 71.4%로 높아졌다. 점점 개선되는 것이 아니라 오히려 심화되었다는 점에서 우려할 만하다. 외국이라고 다르지 않다. 갤럽이 2020년 미국 시민을 대상으로 조사한 바에 의하면 '미국 대기업을 신뢰한다'는 응답은 19%에 불과했다. 무려 81%가 대기업을 신뢰하지 않는다는 것은 대단히 높은 수치다. 이렇게 본다면 경영의 주체인 경영자들의 마음이 그리 편하지만은 않을 것 같다. 하지만 결국 지금의 상황을 만들어낸 것 역시 경영자들이다. 경제를 성장시키고 국가를 발전시킨 공로를 인정한다고 해도 적지 않은 부정에 직간접적으로 연루되어왔기 때문이다. 앞으로 경영자들이 스스로 진정성을 가지고 변하기를 기대하지만, 이제까지 만들어져온 반기업 정서까지 불식시키기는 쉽지 않은 일이며 그것을 일방적으로 '억울하다'고 말하기에도 무리가 있다.

수년 전부터 ESG 경영이 화두였음에도 일부 기업들은 정반대의 위험한 선택을 하는 경우도 있다. '친환경'이나 '지속 가능한'이라는 말을 앞세우지만 실제 행동은 전혀 그렇지 않은 그린워싱greenwashing을 하는 것이다. 한마디로 가짜 친환경주의인 셈이다. 영국에서는 이런 속임수를 단속하기 위해 최대 2년 이하의 징역을 선고할 수 있는 법적 체계를 구축하기도 했다. 국내에서도 2015부터 2019년까지 친환경 기업으로 위장한 사례를 700건이나 찾아냈다.

그런데 태생적으로 ESG 경영에 최적화된 경영자들이 등장하고 있다. 바로 스타트업으로 창업을 하는 MZ세대가 그 주인공이다. 이들은 기존 세대와는 다른 문화적 가치를 가지고 있어 기업을 바라보는 관점에도 차이가 있다. 더 나아가 스스로 직접 이런 변화를 끌어내고 그 결과를 문화적으로 정착시킬 수 있을 것으로 보인다. 한마디로 새로운 시대가 오고 있는 상태에서 그 시대에 최적화된 세대가 태어난 것이라 할 수 있다.

'선한 영향력'을 중요하게 생각하는 세대

ESG 경영은 단순한 트렌드가 아니다. 기업의 철학, 가치, 구조를 바꾸는 완전히 새로운 개념이다. 기업과 기업 경영에 대한 근본적인 변화를 요구하는 것이다. 국가ESG연구원 문형남 원장은 이렇게 말한다.

"이제 경제 전체의 흐름이 바뀐 것이다. 신자유주의를 대체할 새로운 경제 패러다임으로 등장한 자본주의 4.0이나 4차 산업혁명만큼 막강한 영향력을 가진 흐름이다. 경영 철학의 패러다임이 ESG 경영으로 옮겨가고 있다."[5]

ESG 경영이 그간 수없이 주창된 4차 산업혁명만큼이나 강력한 흐름이 되었다는 이야기는 이제 기업을 바라보는 관점이 완전히 달라졌음을 의미한다. 이는 곧 '생존의 조건'이 달라졌다는 의미기도 하다. 과거 기업이 갖추어야 할 3대 생산요소가 '노동, 토지, 자본'이었듯이, 이제 앞으로 기업은 '환경, 사회적 책임, 투명성'을 갖춰야 한다. 만약 ESG 구성 요소가 없거나 이를 외면하는 기업은 장기적 성장의 동력을 마련하지 못하고, 해외 진출을 위한 투자도 받지 못하며, 더 나아가 소비자의 외면을 받게 된다. 한마디로 기업 존립 근거 자체가 약화한다는 뜻이다.

주목해야 할 것은 이와 같은 기업의 변화를 열렬하게 찬성하고 지지하는 세대가 바로 MZ세대라는 점이다. 이들은 기업을 '착취'나 '번영'의 틀로 해석하지 않고 '더 나은 미래'를 책임지는 주체로 인식한다. 즉 선한 영향력을 행사해야 진정한 기업이라고 생각하는 것이다.

2021년 10월 한양대학교 임팩트사이언스연구센터와 사회적가치연구원은 1996~2005년에 출생한 Z세대 150명을 대상으로 설문 조사를 했다. 그 결과 기업의 사회적 역할에 대해 응답자의 81.3%가 '기업은 세상을 좋은 방향으로 바꿔야 한다'고 대답했다. 그리고 그 구체적인 방향으로 'ESG'를 지목했다. 10명 중의 7명 이상이 '기업이 ESG 관련 이슈 해결을 위해 노력해야 한다'고 답했다. 그들의 이러한 희망은 단순히 '충동적인 선호'에 머무르는 것이 아니다. 그들은 기업이 환경, 사회적 책임 등의 가치를 위해 노력한다면 '돈을 더 낼 의향이 있다'고 답했다. 이 설문 조사에 참여한 한양대학교 신현상 교수는 다음과 같이 설명한다.

"국내 Z세대 인구가 500만 명 정도인데 환경 이슈의 경우 6% 이상을 더 부담하겠다는 답변이 40%를 넘었다. (…) 40%를 인구수로 환산하면 적어도 200만 명이 환경적 가치를 추구하는 기업의 제품에 돈을 쓰겠다는 의사를 갖고 있다는 뜻이 된다."[6]

한 번도 보지 못한 소비 성향

자본주의 역사상 기업의 성향에 따라서 돈을 더 쓸 수 있다고 답한 세대는 없었다. 이제까지의 가격이란 엄밀한 단가 계산법에 따라서 산출되었다. 소비자들 역시 조금이라도 소비를 줄이기를 원하지 반대로 돈을 더 낼 의향이 있다고 말한 적은 없다. 이러한 현상은 정치적이고 사회적인 신념을 소비에 투영하는 '미닝아웃meaning out'이라는 소비 성향으로 정의된다. 아무리 보아도 새롭고 신기한 소비 관념이 아닐 수 없다.

결국 이러한 가치관을 따르고 있는 MZ세대는 앞으로 밀어닥칠 ESG 경영의 최선두로 나설 가능성이 크며, 실제 이러한 과정은 수치로 드러나고 있다. 미국의 500스타트업스가 2020년에 조사한 바에 따르면 초기 스타트업 중 62%가 ESG 정책을 세웠으며, 더 나아가 스타트업 경영자의 91%가 '회사의 ESG가 인재 유치에 도움이 되고 있다'고 답했다. 이는 자신의 신념과 직장생활을 일치시키려는 의지를 보여주며, MZ세대 스타트업 창업자들이 얼마나 ESG 경영에 최적화되어 있는지를 설명해준다. 상황이 이러다 보니 '임팩트 투자'라는 새로운 용어도 생겼다. 오로지 수익만을 목표로 하는 것이 아니라 사회나 환경에 긍정적 영향을 미치는 것을 목표로 하는 투자를 말한다.

우리는 여기에서 기업이 바뀌가는 미래에 대한 새로운 희망을 꿈꿀 수 있다. 물론 모든 MZ세대 스타트업 창업자가 공정하고 정의롭게 경영을 할 것이라고 단정 지을 수는 없다. 하지만 그 어떤 세대든 태생적 가치와 자신들만의 의미 부여를 완전히 외면하기는 힘들다. 그런 점에서 MZ세대가 구축해나가는 '선한 기업들의 생태계'는 분명 우리가 사는 세상을 바꿀 단호한 힘을 가지고 있다고 볼 수 있다.

Interview

"빅데이터와 AI, 응용 기술 개발에 집중해야 한다"

박성혁
(KAIST 경영공학부 교수)

4차 산업혁명 기술 중에서도 빅데이터와 AI는 '환상의 짝꿍'이라 불린다. 빅데이터가 모일수록 AI 역시 더욱 고도의 작업을 수행할 수 있기 때문이다. 게다가 빅데이터가 생산되지 않는 분야는 없어서 이를 각 업계에서 어떻게 활용하느냐에 따라 무궁무진하게 응용할 수 있다. KAIST 박성혁 교수에게서 국내 빅데이터와 AI 산업의 현황을 들어보았다.

Q 빅데이터와 AI를 활용한 기술 중 최근 눈에 띄는 사례는 어떤 것이 있는가?

엑스레이 사진을 분석하여 폐암, 유방암을 예측하는 헬스케어 AI 전문 기업 루닛은 의료 빅데이터를 수집하고 학습해 인간 의사의 진단 정확도를 높여주는 의료 솔루션을 개발했다. 국내 의료 기기 등록 및 미국 FDA 승인을 받았는데, 의료 시장은 다른 분야보다 규제가 심하다는 점에서 이러한 등록과 승인은 큰 의의가 있다. 또 이 회사는 현재 미국 시장을 두드리고 있을 정도로 선전하고 있다. 만약 이 기술이 상용화된다면 암 진단 비용을 현격히 낮추어 전 세계 인구를 대상으로 높은 품질의 의료 서비스를 저렴하게 제공할 수 있는 토대가 마련될 것이다. 앞으로 암 진단 확대 및 임상 시험 AI, 신약 개발 AI 등으로 확장할 계획이다.

Q 향후 국내 빅데이터와 AI 스타트업들이 가야 할 방향은 무엇이라고 생각하는가?

기존에 인간 전문가가 서비스하던 수준보다 안정적으로 더 높은 성과를 낼 수 있도록 하는 연구 개발이 필요하다. 또 한국은 원천 기술 개발보다는 응용 기술 개발을 목표로 하고 AI 오픈소스 알고리즘을 기반으로 각자 보유하고 있는 데이터를 특화해서 산업 문제를 해결하는 방향으로 연구 개발을 수행해야 성공 가능성이 크다. 회사에서 보유하고 있는 데이터가 양과 질 측면에서 경쟁력이 있다면 해당 데이터에서 출발하여 AI를 학습시키는 게 효과적이다. 데이터가 없는 경우에도 기계가 데이터를 생성하면서 AI를 만들 수 있다는 점 또한 이해하는 것이 중요하다.

Q 국내 AI 인재의 현황과 향후 인재 양성을 위한 국가 차원의 과제는 무엇이라고 보는가?

우선 'AI 전문가'에 대한 정의가 필요하다. AI 전문가란 딥러닝 알고리즘을 사용하여 빅데이터를 학습시켜 사회문제를 해결하고, AI를 통해 자동화 및 제품 향상에 해당하는 성과를 만들어낼 수 있는 인재다. 이러한 인재는 고등교육기관에서 컴퓨터 과학, 정보 시스템, 데이터 분석, 금융 공학 등의 관련 전공을 이수하고 해당 분야에서 일하고 있는 종사자들에 해당한다. 다만 현재까지는 산업 수요 대비 공급이 충분하지 않다. 대학에서 전공별 정원을 엄격하게 관리하고 있어 충분한 인재를 대학에서 양성하기에는 한계가 있다. 따라서 국가 교육 혁신 차원에서 영국처럼 소프트웨어 교육을 초등학교 의무교육으로 하여 어릴 때부터 프로그래밍 사고방식을 익히고 실습으로 훈련받게 인재 교육을 해야 한다. 결과적으로 플랫폼을 만드는 인재를 키울 것인가, 아니면 거기서 일하는 사람에 머무르게 할 것인가는 매우 절박한 문제라고 볼 수 있다.

한국에서 공부하고 창업한 6명의 외국인들

_ 한국의 유니크함은 이것이다

한국 정부는 해외 스타트업의 국내 유치에도 상당한 신경을 쓰고 있다. 정부는 외국인 스타트업을 유치하기 위해 창업 비자 제도를 개선하고 'K-스타트업 그랜드챌린지 프로그램'을 통해 창업 활동을 지원하고 있다. K-스타트업 그랜드챌린지 프로그램은 2016년 처음 도입되어 4년간 총 197개 해외 스타트업의 국내 유치를 지원했다. 국내 법인 77개, 매출액 290억 원, 신규 고용 창출 171명 등의 성과를 이뤘다. 필자는 2018년 용산에 있는 서울글로벌창업센터 첫 과제 책임자로 참여한 적이 있어 외국인들이 한국에서 창업을 한다는 것의 의미와 그 애로 사항을 잘 알고 있다. 외국인 스타트업의 더 많은 유치를 위해서는 그들이 현재 한국의 지원 제도를 어떻게 생각하고 있는지도 알아야 한다. 때로 외부자의 시선으로 봐야만 내부의 실체가 좀 더 객관화될 수 있기 때문이다. 외국인 6명에게 한국 정부가 펴고 있는 지원 정책의 장단점과 사업 진행 시 어려웠던 점에 관해 이야기를 들어보았다. 불가리아의 크리스, 말레이시아의 무자파르, 미얀마의 와인 얀, 세르비아의 미로슬라프 타디치, 사우디아라비아의 신디, 싱가포르의 이안 지앤량 로가 인터뷰에 응해주었다.[7]

최고의 테스트 베드, 한국

우선 스타트업 창업자는 '시장'이라는 것에 무척 민감할 수밖에 없다. 그런 점에서 이들에게 한국 시장 자체에 대한 자신의 평가를 부탁했다. 대체로 신생 기업이 사업을 하기에 충분히 큰 시장이며, 구매력도 높고 아이디어를 테스트하기에도 훌륭한 조건을 갖추고 있다고 말했다.

- 아이디어를 테스트하기에 좋은 시장 규모이며 즉시 접근할 수 있다는 장점이 있다. (크리스)
- 한국은 겉보기에는 작지만 대부분의 유럽 국가들보다 큰 꽤 독특한 시장이다. 구매력 또한 매우 높아서 한국 사람들이 비교적 신제품을 사용해볼 가능성이 크다. (미로슬라프 타디치)

- 한국은 신생 기업이 사업하기에 충분히 큰 시장이기 때문에 세계 주요 시장이 될 수 있다고 본다. (이안 지앤량 로)

판을 깔아주는 정부

또 한국 정부의 다양한 지원책에 대한 의견을 물었다. 때로 '경이로울' 정도로 한국 정부의 지원책이 매우 잘 되어 있고 세세한 부분까지 배려하고 있다는 점에 놀라워했다.

- 스타트업 생태계에서 다양한 분야의 기업을 지원하는 데 관여하는 것은 매우 독특한 특징이다. 다양한 틈새 산업과 스타트업 단계별 지원 프로그램이 대단히 많은 것을 보고 놀랐다. 하지만 이 부분에 다소 회의적인 느낌이 들 수도 있다. 아이디어가 별로 좋지 않은 기업도 자금을 받을 수 있기 때문이다. 그럼에도 많은 사람이 아이디어를 실행해보고 배울 기회를 얻고 있다는 점은 장점이다. 창업자들이 실수하고 실패하고 다시 일어서면서 더 많은 것을 배울 수 있는 구조다. (크리스)
- 한국 정부는 외국 스타트업을 위한 비자를 제공하는데, 이는 한국에서 사업하는 많은 회사가 성장하는 데 도움을 준다. 서울글로벌센터, 서울글로벌창업센터 등 외국 스타트업

이 창업할 수 있도록 자금과 학습 플랫폼을 모두 제공한다. 그뿐만 아니라 넥스트챌린지 등 스타트업 액셀러레이터가 해외 스타트업과 글로벌 파트너십을 맺고 활동해온 훌륭한 지원 기관인 것도 사실이다. 일반적으로 한국은 점점 더 개방적이고 더 많은 글로벌 스타트업을 환영하며 전 세계 많은 스타트업에게 한국에서 사업을 시작할 기회를 제공하고 있다. (무자파르)

- 미얀마는 국가의 정치적 난맥상 때문에 기업가정신에 대한 정부의 지원이 거의 없다. 그에 비해 대한민국 정부가 얼마나 많은 투자를 하고 있는지 놀라울 따름이다. 한국 정부의 가장 효율적인 차별화 요소 중 하나는 창업자들을 위한 금전적, 교육적 지원이다. 그리고 이러한 지원들은 경이로울 정도다. 서울, 부산, 제주 등 전국 어디를 가도 곳곳에 지원 프로그램이 있다. (와인 얀)
- 특히 미래를 위한 자신의 아이디어와 기여에 끈끈한 믿음을 가진 청년들에게 제공되는 다양한 프로그램과 지원을 언급하고 싶다. (신디)

도전할 맛 나는 분위기

외국인들은 정부의 지원뿐만 아니라 민간투자사들의 인큐베이팅에도 긍정적 반응을 보였다. 또 민간 외국인 창업자를 위한 비자 발급에도 매우 만족해했다.

- 외국인이 볼 때 독특하다. 한국은 어학연수, 일부 사업 연수, 심지어 법률 상담까지 포함한 스타트업 비자 트랙을 위한 기회를 제공한다. 일부 사업 아이디어에만 적용돼 매우 제한적이긴 하지만 말이다. 하지만 다양한 수준의 사업 개발에 참여할 수 있는 프로그램들이 있어 창업자들이 정부 트랙을 선택하지 않더라도 기회는 있다. (…) 서울에는 다양한 민간 공동 작업 공간과 액셀러레이터, 벤처캐피털은 말할 것도 없고 정부가 운영하는 내국인과 외국인 모두를 위한 프로그램과 인큐베이터가 있다. 세르비아 역시 한국과 같은 방향으로 움직이기 시작했지만 진행이 상당히 더디다. (미로슬라프 타디치)
- 언어 차이로 의사소통이 어려운 상황에서 번역가들과 국제 스타트업을 위한 인턴을 제공하는 프로그램들도 있어 특히 좋았다. 창업용 비자 발급을 위한 훌륭한 구조도 갖추어져 있다. (이안 지앤량 로)

가장 큰 장벽, 언어

외국인들은 대체로 한국 정부의 지원에 매우 높은 점수를 주었다. 그들에게 가장 어려운 부분은 바로 '언어'였다. 물론 외국인이 한국에 와서 한국어로 소통이 잘 안 되는 점은 어쩔 수 없다고 볼 수도 있겠지만 정부 차원에서 이들의 의사소통 부분을 좀 더 지원해주어야 한다.

- 한국 스타트업 생태계의 1가지 중요한 단점은 네트워킹 행사와 피칭을 할 때 한국어를 주로 사용한다는 것이다. 그래서 국내 스타트업 창업자들이 외국 스타트업 창업자 및 투자자들과 효과적이고 자유롭게 영어로 소통하는 것을 방해하고 거품이 생기게도 한다. (크리스)
- 언어는 여전히 가장 큰 장벽이다. 외국인들과 기꺼이 교류하고 협력하려는 의향은 있어 보인다. 많은 한국 스타트업이 글로벌 시장 진출을 열망하고 있음에도 여전히 매우 현지 지향적이다. 언어 문제는 사실 쌍방향이다. 한국인들이 '글로벌화'하는 것도 어렵겠지만 외국인들이 한국에서 진정한 발전을 이루기도 어렵다. 영어로 된 지원이 어느 정도 있기는 하지만 대다수의 큰 정부 보조금과 사업 관련 지원 프로그램들은 한국어로 조사, 작성해 제출해야 하는데 이는 일부 한국인들에게도 쉽지 않은 일이다. (미로슬라프 타디치)

매력적인 공동체와 인재풀

이러한 언어 장벽에도 일부 외국인은 한국의 공동체와 인재에 호평한다.

- 한국의 가장 좋은 점은 아마도 사람들일 것이다. 전국의 다양한 공동체와 함께할 수 있고, 창업자의 회사 설립 과정을 조금 더 쉽고 즐겁게 만든다. (미로슬라프 타디치)
- 나 같은 외국 기업인에게 보이는 장점은 한국의 인재다. 행정부터 재무, 마케팅, 영업까지 다양한 부서를 넘나들며 특출난 인재들과 함께 일할 수 있어 운이 좋았다. (와인 얀)

이 외에도 편안한 교통 체계와 안전한 치안, 사방에 있는 커피숍과 24시간 꺼지지 않는 편의점, 어디에서든 접속 가능한 인터넷 등을 장점으로 꼽았다. '한국의 비즈니스 문화'가 매우 독특하다는 사실을 지적하기도 했는데, 이는 서양과 한국의 문화가 다른 데서 기인한다. 또 해외 스타트업이 한국 시장으로 진입하는 것을 두고는 '도전적인 과제'라고 말한다. 이는 언어와 문화 면에서 그만큼 부담이 될 수 있다는 이야기다.

'외국인도 창업하기 좋은 나라'를 만든다는 것은 단순히 외국인에게 호의적인 정책적 배려를 하는 데 머물지 않는다. 그것은 창업을 위한 '허브' 역할을 한다는 의미이자 외국의 스타트업을 유치해 국내 경제성장을 꾀하는 하나의 전략이다. '실리콘밸리'라는 말만 들어도 미국이 가지고 있는 첨단 기술과 스타트업의 위력을 느낄 수 있는 것도 이 때문이다. 그런 점에서 향후 한국 스타트업을 위한 지원은 물론이고 동시에 '스타트업 코리아'라는 전체적인 브랜드 가치 향상을 위해서도 함께 노력해야 한다.

크리스(Chris): 딥 테크 스타트업 이마가(Imagga)의 공동 설립자로 이미지와 영상 인식을 개발하고 있다. 한국에서의 첫 번째 고객은 기아자동차였고, 서울에 본격적으로 사무실을 개소한 이후는 삼성SDS를 거래처로 두고 있다.

무자파르(Muzaffar): 연세대학교에서 '산업-조직심리학' 석사 과정을 밟고 있다. 졸업 후 한국에서 취업과 개인 사업을 할 기회를 찾고 있다.

와인 얀(Wain Yan): 글로벌 기업의 대한민국 시장 진입을 위한 경영 컨설턴트 회사인 P&W ADVISION의 창립자다. 시장조사부터 사업 전략 자문, 사업 매칭 및 자금 조달 신디케이션까지 원스톱 컨설팅 서비스를 제공하고 있다.

미로슬라프 타디치(Miroslav Tadic): 2016년 신경 건축학 박사 과정을 밟고, 다른 나라에서 창업 여정을 이어가자는 생각으로 한국에 왔다. 지금은 건축 디자인에 대한 사고방식과 그것이 우리 삶에 미치는 영향을 바꾸고자 신경 과학에 기반을 둔 실시간 건축 평가 시스템 개발에 매진하고 있다.

신디(Sindi): 대학에 진학하기 위해 학생으로 한국에 왔으며 시각 예술가와 디자이너로 프리랜서 활동을 하고 있다.

이안 지앤량 로(Ian Jiangliang Low): 싱가포르에 본사가 있는 트래블(Trabble) 운영자다. 병원과 소규모 기업을 대상으로 AI 기반 솔루션을 통해 여행과 관련한 맞춤형 문의, 예약, 체크인 및 컨시어지 서비스를 제공하고 있다. 일본, 중국, 말레이시아에 사무소를 두고 있다.

Chapter 2

파괴적 혁신을 넘어 상상하지 못한 미래로

_ GDP 5만 달러 시대, 스타트업이 만든다

GDP 3만 달러 시대는 대기업이 열었다고 봐도 무방하다. 자원도 부족하고 국토도 좁은 우리로서는 대기업이라는 거대 집단이 있어야만 효율적으로 성장할 수 있었기 때문이다. 하지만 이제 전통산업만으로는 중원에서 힘들 수밖에 없다. 세계 경제의 패러다임이 4차 산업혁명을 중심으로 재편되고 있기 때문이다. 물론 여전히 한국 대기업들이 해외에서 선전하고는 있지만, 이제 더욱 전복적 상상력으로 무장한 스타트업들이 힘을 합쳐야만 한다. 이러한 전반적인 대열이 잘 갖춰지기 위해서는 내부적으로 정비해야 할 것들이 있다. 지역을 살리는 새로운 도시 모델을 세우고 지방의 창업센터 활성화에도 힘을 기울여야 한다. 더불어 스타트업을 위한 정책도 다시 한번 되돌아볼 때다. 그간 정부는 여러 방면에서 집중 지원해왔지만 여전히 부족한 것들이 있기 때문이다. 이러한 전방위에 걸친 노력이 함께할 때 우리는 GDP 5만 달러 시대에 좀 더 빠르게 진입할 수 있을 것이다.

대기업도 선택한 변종들의 새로운 질서

_ 스타트업의 진화 방식

찰스 다윈이 진화론을 구상할 때 의도적으로 경제학의 이론 체계를 염두에 두었다는 이야기가 있다. 다윈은 자연 선택으로 유지되는 생명의 존재 방식을 경제 원리가 작동하는 소비자 선택과 기업의 생존 방식으로 설명하는 것이 합리적이라고 여겼기 때문이다.[7] 그의 이러한 기획은 실제 후대에 '진화 경제학'이라는 학문으로 발전하기도 했다. '창조적 파괴'라는 용어를 처음으로 사용한 조지프 슘페터는 자본주의를 진화하는 체제로 보았다. 그는 자본주의를 분석하는 것은 곧 진화 과정을 분석하는 것이며, 자본주의를 움직이는 엔진은 바로 돌연변이에 해당하는 혁신이라고 했다.

2015년경까지만 해도 대기업은 스타트업을 '새롭게 등장한 돌연변이'로 보았다. 대기업에서는 스타트업이 가진 문화적 DNA를 배움으로써 새로운 활력과 에너지를 충전하고자 했다. 그런데 최근 몇 년간 대기업과 스타트업의 관계가 완전히 다르게 설정되고 있다. 스타트업이 대기업의 '변이'를 끌어내면서 한 단계 더 높은 상승을 추동하고 있다. 변방의 돌연변이였던 스타트업은 이제 대기업의 창조적 원동력이 된 것이다.

아일랜드의 치명적 실수

학창 시절에 들어봤을 '적자생존'(適者生存)은 자연에 적응한 종(種)만 살아남는 현상이다. 적응하지 못한 종은 사라진다. 여기에서 한 걸음 더 들어가 살펴보면 살아남은 종들은 자신들의 우수한 형질을 다시 집단 속에 퍼뜨리고 세대를 거듭하며 발전시키게 된다. 이러한 돌연변이 과정은 과거와의 일정한 단절을 야기하고 스스로를 창조적으로 변화시키는 원동력이라고 할 수 있다. 만약 돌연변이 과정에 따라 다른 종이 만들어지지 않으면 특정 생태계는 최악의 상황으로 치달을 수도 있다.

19세기 인류 역사상 가장 참혹한 비극이 펼쳐진 나라는 영국 바로 옆 섬나라 아일랜드였다. 아일랜드 하층민의 주식은 감자였다. 아침부터 저녁까지 많게는 6kg을 먹으며 생을 버텼다. 그런데 1845년 알 수 없는 원인으로 감자밭이 썩기 시작했다. 그 결과 수많은 사람이 굶어 죽음에 이르렀다. 당시 아일랜드의 인구는 800만 명 정도였는데 죽거나 기근을 피해 다른 나라로 이주한 사람들을 빼고 남은 인구가 고작 400만 명에 불과했다. 한 나라의 인구가 순식간에 절반으로 줄어드는 전대미문의 사건이 발생한 것이다. 우리나라 인구가 어떤 일로 순식간에 2,500만 명으로 줄었을 때의 충격과 공포를 상상하면 당시의 참혹함을 좀 더 체감할 수 있을 것이다. 문제는 왜 풍부하게 생산되던 감자가 순식간에 썩기 시작했느냐다. 일차적 원인은 고온다습한 환경이었다. 그러나 더 근본적 원인은 특정 종만 재배한 데 있었다. 수확량이 좋다는 이유로 특정 종만 재배하다 보니 질병에 취약한 감자 종이 만들어진 것이다. 만약 당시 감자 재배업자들이 종의 순수성이 가져올 파국을 미리 알았더라면 상황은 완전히 달라졌을지도 모른다.

공룡 삼성의 컬처 혁신

한국 현대사에서 대기업이 승승장구하며 자신만만해하던 시절은 2014년까지였다. 2008년 전 세계적인 글로벌 금융 위기를 겪으면서도 대기업들은 계속 성장했다. 그들은 의기양양했고 앞으로도 자신들의 해는 지지 않을 것이라 여겼다. 그런데 2014년 대기업과 제조업이 첫 마이너스 성장을 기록했다. 당황한 경영자들은 그 원인과 대안을 찾기 위해 분주해지기 시작했다. 2015년 대한상공회의소와 맥킨지가 '한국기업의 조직건강도와 기업문화 진단 조사'를 실시한 것은 이러한 위기감의 발로였다. 결국 경영자들은 대기업이 가진 비합리적 성과 관리, 리더십 역량 부족, 비과학적 업무 프로세스를 인정하고 변화의 선봉에 서야 한다는 사실을 받아들였다.

가장 빠르게 변화를 시도한 기업은 바로 삼성이었다. 2016년 3월 삼성은 재계가 깜짝 놀랄 만한 충격적인 발표를 했다. 이른바 '스타트업 삼성 컬처혁신'이었다. 이제 더는 시대 흐름에 맞지 않는 사고방식과 관행을 과감하게 떨치고 글로벌 기업에 걸맞은 의식과 일하는 문화를 혁신하자는 프로젝트였다. 당시 600명이 넘는 주요 임직원과 사장단, 직원이 참여해 본격적인 선포식을 열었다.

삼성이 발표한 '3대 컬처혁신 전략'은 ① 수평적 조직 문화 구축, ② 업무 생산성 제고, ③ 자발적 몰입 강화였으며, 전략의 최종 목표는 '삼성 특유의 강한 승부 근성의 회복'이라고 했다. 여기서 삼성이 당시 스타트업을 바라보는 방식을 고스란히 알 수 있는데, 삼성은 스타트업을 '문화적 벤치마킹의 대상' 정도로만 여긴 듯하다. 스타트업이 가진 뼛속까지 다른 사업 스타일에 대한 통찰로는 이어지지 않았다. 부수적 제도만 차용한 데서도 알 수 있다. 예를 들어 습관적, 눈치성 평일 야근이나 주말 특근을 줄이고, 가족 사랑 휴가나 자기 계발 휴가 같은 휴가 제도를 도입했다. 더 나아가 수평적 호칭 사용, 선발형 승격 등과 같은 제도를 도입하기도 했다. 물론 이 정도도 분명 매우 훌륭한 벤치마킹이었지만 지금 되돌아보면 그저 겉모습만 흉내 내는 정도에 그쳤다고 볼 수 있다.

비즈니스를 보는 또 다른 관점

시간이 흐르면서 대기업들은 스타트업이 자신과는 완전히 다른 종이라는 사실을 조금씩 알아채기 시작했다. 스타트업들은 완전히 다른 발상과 태도로 사업에 임했다. 페이팔을 만든 천재 엔지니어 리드 호프먼은 이렇게 말했다.

"스타트업은 절벽에서 뛰어내린 다음 비행기를 조립하는 것과 같다."

실패를 멀리하고 안전을 추구하는 대기업으로서는 상상도 하기 힘든 일이다. 하지만 변화하는 환경에서 살아남기 위해서는 대기업도 결국 스타트업의 방식을 받아들여야만 했다. 대기업과 스타트업의 서로 다른 접근 방식이 단적으로 드러나는 사례가 바로 '신시장 창출'이다. 과거 한국 경제가 지속적 성장기에 있었을 때는 특정한 사업에 대한 오너의 의욕이나 단순한 시장조사만으로도 새로운 시장을 창출할 수 있었다. "외국에 가봤더니 이 사업이 잘되더군"이라는 오너의 한마디로 곧바로 사업을 시작할 수 있었고, 시장조사를 마친 직원의 보고서가 새로운 사업을 시작할 수 있는 기반이 될 수 있었다. 그런데 어느덧 이러한 두루뭉술한 조사만으로는 도저히 새로운 기회에 도전하기 힘든 시대가 도래하고 말았다. 2014년부터 시작된 대기업의 마이너스 성장에도 이런 식의 접근이 한몫했다. 근본적 한계에 봉착한 것이다. 이때 '가설과 검증'으로 사업을 시작하는 스타트업의 경영 방식은 신세계였음이 분명하다. 물론 이 가설과 검증으로 사업을 시도하던 시기를 특정하기란 쉽지 않다. 하지만 2012년 국내에 출간된 《린 스타트업》이라는 책에서 수많은 스타트업들이 영감을 받은 것은 분명하다. 시간과 싸우고 적은 자본으로 성공의 틈새를 열기 위해서는 이 '가설과 검증'이라는 과학적 방식이 필수적으로 여겨졌기 때문이다. 스타트업에서 시작된 이 새로운 사업 스타일에 대기업들도 빠르게 반응하기 시작했다. 그 결과 과거처럼 그저 '문화를 벤치마킹'하는 수준이 아닌 협업을 하거나 직접 스타트업을 양성하고 자신들이 풀지 못하는 문제를 해결해달라고 하는 수준에까지 이르렀다.

이제 대기업들이 주요 스타트업 프로그램을 운영하는 것은 '흔한 일'이 되었다. 삼성전자의 C랩, 현대차의 제로원, SK텔레콤의 트루이노베이션, LG CNS의 스타트업 몬스터, 포스코의 아이디어 마켓플레이스, KT의 비즈 콜라보레이션 등이 그 예다. 기존의 IT 기업만 스타트업에 손을 내미는 것은 아니다. 현대건설, 호반건설, SK에코플랜트 등의 건설사들은 스타트업에 적극적으로 투자하면서 신기술 개발을 독려하고, 이후 성공적인 인수합병까지 했다.

일취월장한 스타트업

더 나아가 최근에는 대기업이 풀지 못한 문제를 해결하고자 스타트업을 대상으로 한 공모전까지 생겼다. 중소벤처기업부는 지난 2021년 6월 '대스타 해결사 플랫폼'을 마련하고 7개 과제를 공개했다. '대스타'라는 말은 '대기업'과 '스타트업'의 앞글자를 딴 조어다. 대기업이 풀지 못한 기술적 과제를 정부가 나서 가교 구실을 하고 스타트업이 해결책을 제시하는 방식이다. 이로써 대기업은 외부의 창의적인 아이디어와 기술을 활용해 새로운 사업 창출의 기회를 만들고, 스타트업은 국내 대기업과의 협업을 통해 새로운 성장의 발판을 마련하게 되는 것이다. 예를 들어 신제품 기획을 위한 뇌파 분석(롯데중앙연구소), 항공기 반입 금지 물품 판별 서비스 개발(인천국제공항공사), 친환경 생분해 밀키트 포장재 기술 개발(신세계푸드) 등과 같은 과제들이 있었다. 누가 봐도 재미있으면서도 '대스타 프로젝트'의 본질을 알게 해주는 과제도 있었다. 국내 대표 프랜차이즈 기업 더본코리아는 '가맹점 음식 맛 균질성 확보와 품질 관리'에 관한 과제를 냈다. 쉽게 말하면 짬뽕 맛이 가맹점마다 달라서 이를 어떻게 하면 균질화할 수 있는지를 물은 것이다. 여기에 도전한 스타트업들은 최첨단 기술을 동원해 '짬뽕 맛'을 분석하기 시작했다. 분광학·열감지·영상 분석·무선통신 기술이 동원되었다. 과거의 여느 대형 프랜차이즈는 도저히 생각할 수 없는 문제 해결의 방식을 스타트업이 제공할 수 있음을 보여준다.

스타트업을 '적은 자본으로 위험을 무릅쓰는 첨단 기업'이라고만 정의할 수 없는 이유가 바로 여기에 있다. 그들은 기업 진화의 역사에서 혁신을 끌어내는 돌연변이이자 더 나아가 든든한 전략적 동반자가 되고 있다.

일자리 문제를 돌파할 히든카드

_ 경제 역동성의 재조직

19세기 중반 당시 마차(馬車) 관련 산업에 종사하던 이들이 주축이 되어 의욕적으로 만든 법안이 하나 있다. 바로 '붉은 깃발법Red Flag Act'이다. 도심에서 자동차 속도를 시속 3km 이하로 제한하고 마차가 붉은 깃발을 꽂고 달리면 자동차는 뒤를 따라가야만 하는 법이다. 마부들은 자동차 때문에 일자리를 잃을 것을 우려해 자동차가 마차보다 빨라서는 안 된다는 것을 법제화시켰다. 자동차 산업이 성장하면서 마차 산업과는 비교가 안 될 정도로 많은 일자리를 만들어냈지만, 당시 마차 관련 업자들의 우려와 공포는 충분히 공감할 수 있는 부분이다. 21세기인 지금도 비슷한 상황이 재현되고 있다. 2021년 5월 전국경제인연합회가 전국 20~30대 남녀 829명을 대상으로 조사한 결과 전체의 83%

가 4차 산업혁명으로 인해 일자리가 줄어들 것이라고 답변했다. 19세기 마부들과 같은 우려를 하는 것이다. 이 우려는 기우가 될 것이다. 우리에게는 새 시대의 일자리를 만들어나갈 약진하는 스타트업이 있기 때문이다.

발등에 떨어진 불, 일자리 문제

외국인 노동자가 내국인 일자리를 빼앗을 것이라는 인식이 있다. 우리나라에서는 대략 2010년도부터 외국인 노동자가 빠르게 증가했다. 그리고 이와 함께 외국인 노동자가 한국인에게 손해를 끼친다고 생각하는 사람들도 늘어났다. 하지만 그로부터 10년이 지난 지금 시점에 되돌아보면 그러한 인식은 완전히 틀렸다.

한국은행 미시제도연구실이 2021년 발표한 자료에 따르면 한 지역의 전체 인구 중 외국인 비중이 1% 증가할 때, 육체 직무보다 소통 직무의 상대 공급이 0.39% 증가하는 것으로 조사되었다. 좀 더 쉽게 설명하자면 한 지역에서 외국인 비중이 1% 늘었을 때, 육체 직무 일자리 수가 1만 개 늘었다면 같은 기간 소통 직무 일자리는 1만 39개 늘었다는 말이다. 결국 외국인 노동자들로 일자리는 줄어드는 것이 아니라 오히려 늘었다는 뜻이다. 이러한 오해와 착시는 경제의 역동성을 살피지 않은 탓이다.

'A가 늘어나면 B가 줄어든다'는 식의 단선적 인식만으로는 경제의 역동성을 설명하기 힘들다. 'A가 늘어나서 B가 줄어들어도 예상치 못한 C나 D가 생길 수 있다'고 봐야만 한다. 지금 우리가 주목해야 할 점은 바로 누가 이러한 C와 D의 역할을 하고 있는가, 어떤 요소가 경제의 역동성을 재조직하고 있는가다.

우리 경제는 지난 수년간 '고용 없는 성장'이라는 벽에 직면했다. 매우 심각한 현상이다. 일자리 문제는 경제의 핵심축이다. 개인은 일자리를 통해 돈을 벌어 경제생활을 영위하고, 국가는 개인과 기업으로부터 세금을 걷어 재정을 확충한다. 그리고 그 세금으로 국가 발전을 위한 여러 사업을 벌인다. 일자리가 없으면 개인도 국가도 힘들어진다.

문제는 이미 수년간 한국 경제는 '고용 없는 성장'이라는 상황에서 벗어나지 못했다는 것이다. 이러한 현상을 직접 확인하기 위해서는 '취업유발계수'를 확인하면 된다. 취업유발계수란 생산이 10억 원 늘어날 때 직간접적으로 생긴 취업자 숫자다. 한국은행이 2021년 6월 발표한 〈산업연관표〉에 따르면 2016년 11.2명, 2017년 10.6명, 2018년 10.1명, 2019년 10.1명으로 나타났다. 세월도 적지 않게 흘렀고 외형상 한국 경제도 점점 발전했지만, 취업유발계수는 오히려 떨어지고 있다. 가장 전형적인 '고용 없는 성장'을 보여주는 지표다.

고용 없는 성장의 돌파구

'고용 없는 성장' 현상이 지속되는 이유로 여러 가지가 있겠지만, 최근 IT 산업에 대한 의존도가 확대된 것을 주요인으로 보고 있다. 반도체와 스마트폰 분야가 가장 대표적인 사례다. 현재 이 두 분야에서 우리나라는 세계 최고의 위상을 보여주고 있지만, 기술 중심 산업이다 보니 성장에 비해 고용은 제자리걸음이다. 대기업의 고용이 늘어나지 않는 이유도 바로 여기에 있다. 2020년 6월부터 2021년 6월 사이 500대 대기업 국민연금 가입 근로자 수는 1만 3,000명이나 감소했다. 코로나19로 인한 여파가 있다고는 하지만 그 이전에 대기업 고용률이 꾸준하게 늘어난 것도 아니고 앞으로도 늘어날 기미가 보이지 않는다. 500대 대기업 중에서 2021년 하반기 채용 인력을 '0명'이라고 한 곳이 있을 정도였다. 여기에 가장 타격을 입은 세대는 2030 청년층이다. 1년 만에 일자리 10만 개가 줄어들면서 '안갯속'이라 해도 결코 과언이 아니다.

이러한 암울한 상황에서 예상치 못한 벤처와 스타트업이 나타났다. 이들은 경제의 역동성을 재조직하면서 한국 경제를 기초부터 움직이는 원동력이 되고 있다. 중소벤처기업부가 조사한 바에 따르면 2021년 말 기준 벤처와 스타트업 3만 6,209개사의 고용은 76만 4,912명으로 나타났다. 이는 2020년 말 69만 8,897명 대비 6만 6,015명 늘어난 수치다. 4대 그룹 신규 고용 인원보다

2배 이상 많은 결과다. 또한 2021년 말 기준 유니콘(18개사)이거나 과거 유니콘(9개사)이었던 27개사는 1만 1,719명을 고용하는 것으로 나타났다. 이는 2020년 말과 비교해 3,863명 늘어난 것으로 고용 증가율이 무려 49.2%에 달했다. 기업당 고용 증가를 보면 유니콘 15개사가 평균 257.5명을 추가로 고용, 벤처기업 3만 6,209개사의 평균 고용 증가 인원 1.8명의 140배를 상회했다.[8]

특히 해외에서 활약하는 스타트업의 경우 일반 창업 기업에 비해 고용 효과가 훨씬 더 뛰어나다. 코트라가 조사한 바에 따르면 1년 차에는 일반 창업 기업과 해외 스타트업의 고용 인원은 크게 차이가 나지 않지만, 7년 차 해외 스타트업의 경우 평균 고용 인원수는 3.8배가 넘는다. 결과적으로 '고용 없는 성장'이라는 한국 경제 최대의 걸림돌을 없애기 위해서는 스타트업 창업 활성화와 고용이 절대적으로 필요하다고 봐야 한다. 이는 일반 기업보다 스타트업이 더 낫다는 차원의 이야기만은 아니다. 이 두 형태의 기업은 완전히 다른 체질이며, 이 점에 주목해야 한다.

고용 안정성이라는 숙제

전통 기업은 '수확체감의 법칙diminishing returns of scale'에 어느 정도 기반을 두고 있다. 이는 자본과 노동 등 생산요소가 특정 단위로 추가될 때 이로 인해 늘어나는 생산량은 기하급수적으로 늘어나지 않고 오히려 감소하는 경향을 보인다는 의미다. 예를 들어 규모가 정해진 공장에 100의 생산량을 얻어내기 위해서 100명의 노동자를 투입했다고 하자. 하지만 200의 생산량을 얻고 싶다고 해서 200명의 노동자를 투입할 수는 없다. 공장 크기에 한계가 있기 때문이다. 대부분 전통 산업은 바로 이러한 법칙에 따르고 있다. 만약 200의 생산량을 얻으려면 또 공장을 짓고 다시 100명의 노동자를 고용해야 한다.

반면 스타트업은 '수확체증의 법칙increasing returns of scale'에 기반을 둔다. 처음 개발할 때 비용이 많이 들어도 일단 개발하고 나면 생산 자체에 드는 비용은 많지 않다. 쉬운 예로 마이크로소프트 윈도는 초기 개발 비용으로 5,000만 달러(한화 약 570억 원)를 들였지만 이후 제품 하나를 만들어 배포하는 데는 실제 원가 3달러(약 3,500원)만 든다. 따라서 구매자가 늘어나면 늘어날수록 수입은 급격하게 증가한다. 스타트업의 장점은 전통 산업 경제에 적용되던 '수확체감의 법칙'을 돌파하고 이를 '수확체증의 법칙'으로 변모시킨다는 것이다.

스타트업은 ① 대기업보다 더 많은 일자리를 창출할 수 있고, ② 일반 기업보다 고용력이 높고, ③ 일정 수준에 오르면 원가 비용이 줄어 지속적인 성장을 할 수 있다. 스타트업은 경제구조가 가지고 있는 그 역동성을 재조직할 수 있는 충분한 능력을 갖추고 있다. 이 부분을 집중적으로 강화해야 한다. 다만 스타트업의 최대 취약점은 고용 안정성이 낮다는 것이다. 실제 최근 스타트업 종사자를 대상으로 한 조사에 따르면 '향후 이직을 할 때 대기업을 선택하겠다'고 응답한 비율이 40%에 육박했다. 이는 '또다시 스타트업으로 이직하겠다'고 응답한 11%에 비하면 현저하게 높은 비중이다. 스타트업이 가진 일자리 창출의 능력을 꾸준하게 강화하기 위해서는 '창업' 자체에 대한 지원도 중요하지만, 재직 시 안정을 더 면밀하게 살피고 지원해야 할 것으로 보인다. 창업과 고용 안정성을 모두 고려한 지원이 이루어진다면 스타트업은 '고용 없는 성장'이라는 벽을 뚫고 한국 경제의 성장을 견인할 수 있을 것이다.

균형 발전을 실현할 우리 지역 창업

_ 로컬 크리에이터에서 로컬 스타트업으로

'평균값'은 유용한 수학적 개념임에도 착시를 불러일으키는 요인으로 작용한다. 1940년대 미국 공군은 잦은 비행 사고의 원인을 조종사의 신체 조건에 맞지 않는 조정석에 있다고 판단했다. 그래서 새로운 조종석 설계를 위해 조종사 4,000명의 신체 치수를 재어 평균값을 산출했다. 하지만 4,000명의 조종사 중 평균 신체 치수와 일치하는 조종사는 단 한 명도 없었다. '누군가의 평균'이라고 생각했지만, '누구의 평균'도 아니었다. 2020년 우리나라 1인당 GDP는 3만 1,497달러로 G7 국가 이탈리아를 처음 추월했다. 한국인으로서 자랑스러운 일이지만 문제는 이러한 평균값을 기준으로 전체 대한민국의 발전을 논해서는 안 된다는 것이다. 지역별 발전 정도가 달라 여전히 낙후지로 남아 있는 곳도 있다. 지방은 도시와 비교해 열악한 면이 많다. 양극화가 심해진 것이다. 그리고 여기에 지금의 '로컬 크리에이터'를 '로컬 스타트업'으로 발전시켜야 할 이유가 있다.

로컬 크리에이터 사업의 성과

지방은 현재 인구 감소에 따른 지역 소멸이라는 위기에 처해 있다. 도시와의 소득 격차도 상당하다. 2019년 기준 도시 임금 노동자 가운데 가장 적게 버는 1분위 집단의 월평균 임금은 132만 원인데 비해 농촌 1분위 집단의 임금은 77만 원에 불과하다. 농촌 내 소득 불균형도 매우 심한 편이다. 이런 상황을 놓고 보면 '대한민국은 선진국', '대한민국 GDP가 G7에 이르렀다'는 지표를 지역과 농촌에서는 체감하기 어려운 게 사실이다.

도시와 지방의 불균형을 더욱 확실하게 인식하기 위해 중국의 사례를 살펴보는 것도 의미가 있다. 이제 중국은 미국에 이어 명실상부한 경제 대국이다. 2025년이면 미국을 추월해 세계 1위로 올라설 것이라는 자체 전망까지 나오고 있다. 하지만 중국의 경제성장 이면에는 극심한 불평등이 자리하고 있다. 2020년 리커창 총리는 5월 전국인민대표대회 연례회의 폐막 기자회견에서 불평등 문제를 지적했다.

"중국은 1인당 연간 가처분소득이 3만 위안(한화 약 515만 원)

이다. 그러나 14억 인구 가운데 6억의 중저소득층과 그 이하 집단이 있고 그들의 월평균 수입은 1,000위안(약 17만 원, 연간 205만 원)이다."

2020년 우리나라 건설 노동자 일당 16만 5,000원과 비교하면 중국 인구 6억 명의 '한 달' 수입 17만 원은 놀랍도록 낮은 수준이다.

도시와 지방의 경제적 격차를 극복하기 위해서는 결국 지방에서 자체적 산업 원동력과 새로운 비즈니스 기회가 생겨나야 한다. 그런데 최근 로컬 크리에이터가 등장해 지방 경제 활성화에 활력을 불어넣고 있다. 연세대학교 모종린 교수의 정의에 의하면 로컬 크리에이터란 '지역 자원, 문화, 커뮤니티를 연결해 새로운 가치를 창출하는 창의적 소상공인'을 의미한다. 달리 말해 '지역 가치 창업자'라는 것이다. 중요한 점은 바로 이들이 지역 경제를 살려 일자리를 창출하고 소득을 늘리고, 도시와의 협업을 끌어내 지역에 활력을 줄 수 있다는 것이다. 현재 정부에서도 로컬 크리에이터를 양성하려는 움직임이 매우 활발하다. 중소벤처기업부는 2021년부터 '지역 기반 로컬 크리에이터 활성화 지원'을 시작해 각종 지원을 하고 있다. 중소벤처기업부는 지역 경제 활성화에 기여하는 로컬 크리에이터를 ① 지역 가치, ② 로컬푸드, ③ 지역 기반 제조, ④ 지역 특화 관광, ⑤ 거점 브랜드, ⑥ 디지털 문화 체험, ⑦ 자연 친화 활동 등 7가지로 분류해놓았다. 대체로 '지역'의 가치를 중요시하고 있음을 파악할 수 있다. 중소벤처기업부는 2020년 '로컬 크리에이터 아이디어 챌린지' 사업으로 매출 535억 원, 신규 고용 502명, 투자 유치 174억 원을 달성하기도 했다. 이제까지 한참이나 소외되었던 지방에서의 성과가 이 정도라면 꽤 상당한 발전을 이뤘다고 볼 수 있다.

벡셰와 포틀랜드의 성공 사례

로컬 크리에이터는 소규모 자본을 투입하는 '소상공인'에 좀 더 가깝다. 우리는 로컬 크리에이터의 발전과 어느 정도의 성과를 반기면서도 다음과 같은 질문을 던져볼 필요가 있다. '지방이나 농촌이 꼭 지역의 가치만을 활용한 소상공인 개념의 로컬 크리에이터만 양성해야 할까?' 이제까지 로컬이 지나치게 스스로를 한계 지어온 것에 대한 도발적인 질문이기도 하지만, 나아가 로컬도 꿈의 크기를 더 키워야 한다는 제안이기도 하다.

새로운 가능성을 타진하기 위해서 스웨덴에 있는 인구 10만의 작은 도시 벡셰Växjö와 미국에 있는 인구 60만의 도시 포틀랜드를 살펴보자.

스웨덴 벡셰는 수도 스톡홀름에서 자동차로 5시간이나 가야 하는 작은 도시다. 우리나라로 치면 충남 보령이나 경북 상주처럼 매우 작은 곳이다. 도시인들에게는 그저 '시골'로 보일 것이다. 그런데 놀랍게도 이곳에 있는 기업의 수는 무려 1만여 개에 달한다. 게다가 상당수는 IT나 에너지 분야의 스타트업과 중소기업들이다. 매년 새롭게 설립되는 기업의 수만 해도 500여 개에 달한다. 인구도 매년 1%씩 늘어날 정도로 빠르게 성장하고 있다. 이러한 성과에는 벡셰시 당국과 대학, 민간기업이 인큐베이터를 설립하고 대학에서 예비 창업 과정을 운영하는 것은 물론 고등학생을 대상으로 1년간 창업 프로그램을 운영한 것이 주효했다. 심지어 초등학교 때부터 창업 교육을 하고 있으며 당국에서는 벡셰시에 있는 린네대학교에 입학하게 되면 홈스테이까지 지원한다.[9] 이러한 지원은 '교육-홈스테이-창업 지원'이 한데 묶여 매우 강력한 힘을 발휘하고 있다.

우리에게 익숙한 브랜드인 나이키와 아디다스의 미주 본사가 위치한 곳은 뉴욕과 같은 대도시가 아니다. 의외로 미국 북서부 지역에 있는 소도시 포틀랜드에 있다. 우리나라로 치면 경기도 안산시나 전북 전주시에 글로벌 1, 2위를 다투는 두 스포츠 기업의 본사가 있다는 말이기도 하다. 포틀랜드에는 도로 가운데 자전거 전용 도로가 있어 어딜 가나 '자전거 천국'이다. 또 당국에서 스포츠 산업에 대한 지원도 아끼지 않고 있다. 그러다 보니 자연스럽게 '포틀랜드=스포츠 산업'이라는 인식이 형성되어 이후 800여 개의 스포츠용품 기업들이 밀려들게 되었다. 매년 열리는 스포츠 및 관련 용품 행사만 1,000건이 넘고, 여기에 참가하는 인원수만 200만 명을 넘어 지역 경제 활성화에 큰 도움이 되고 있다. 스포츠용품 기업만이 아니다. 세계적인 자동차 기업 '다임러' 역시 트럭 부문 본사를 포틀랜드로 이전하기도 했다.

벡셰와 포틀랜드의 새로운 도약은 우리나라 로컬 크레에이터가 미래 어떤 새로운 비전을 만들어갈 수 있을지를 알려준다. 지방이나 농촌이라고 해서 소상공인 중심의 '로컬 크리에이터'만이 그 대안은 아니다. 인구 10만의 소도시도 기업을 유치할 수 있고 첨단 스타트업을 키워낼 수 있다. 포틀랜드처럼 지역 콘셉트를 어떻게 잡느냐에 따라서 세계적인 기업도 유치할 수 있다.

우리나라 '지방 스타트업 생태계'는 지속해서 예산은 투자하고 있지만 몇몇 도시를 제외하고는 전문성이 부족해 헛바퀴만 돌아가고 있다. 필자가 전국을 돌아다니며 느낀 점은 인천, 대구, 광주, 부산, 제주 등 하나같이 똑같은 실수를 하고 있다는 것이다. 공간과 인프라, 스타트업 생태계에 대한 이해가 부족하다. 펀드 조성을 많이 한다고 액셀러레이터나 벤처캐피털이 우수하다고 착각하고 있는 관계자들도 본질이 무엇인지 모르고 돈 버는 데만 달려드니 스타트업들에게 외면받는 것이다.

스타트업들은 진정성과 실력을 겸비한 동반자로서 액셀러레이터나 벤처캐피털을 원하는 것이다. 따라서 이들에게는 훌륭한 교육자들과 같은 사명감이 있어야 하는데 현재 우리나라 액셀러레이터 중 이런 자질을 갖춘 곳은 5%도 안 된다고 본다. 참고로 넥스트챌린지 액셀러레이터는 도자기를 빚어 고려청자를 만든다는 생각으로 스타트업을 선발한다는 신념 아래 3년

(2020~2022)에 걸쳐서 시드 투자 1억 원 이내로 투자를 진행해 좋은 성과를 내고 있다. 평균 경쟁률이 52:1이 넘는다.

이제 우리는 로컬 크리에이터가 만들어온 성과를 기반으로 한 걸음 더 나아가는 로컬 스타트업으로의 진화를 꾀해야 할 때다. 우선 광역시를 중심으로 창업 열기를 확산한 후 인구 60만, 심지어 10만 명의 소도시에도 이를 전파할 필요가 있다. '로컬'이지만 그 꿈과 지원의 크기는 결코 '로컬'이 아닌 정책. 바로 이것이 이제 우리가 나아가야 할 다음 단계이며 수도권과 지방의 격차를 줄이는 작지만 의미 있는 출발이 될 것이다.

Interview

"한국의 실리콘밸리를 꿈꾸는 '동대구벤처밸리', 지방에서도 예비 유니콘 만들겠다"

권대수

(전 대구테크노파크 원장)

이제 지역 일자리 창출과 지역 경제 활성화의 핵심 과제는 바로 '창업 정책'에 있다. 대구만 해도 매년 청년 6,000명이 지역을 떠나는 슬픈 현실에 직면하고 있다. 게다가 스타트업의 성장에 가장 필요한 요소인 자금을 운용하는 투자자들도 대부분 수도권에 있다. 이러한 가운데에서도 대구는 대구테크노파크를 중심으로 지역 창업 정책에 박차를 가하고 있다. 따라서 대구 지역의 상황은 향후 각 지자체 혹은 창업 관련 기관에서 생태계 형성을 위한 방향을 잡는 데 도움이 될 것이다.

전 대구테크노파크 권대수 원장에 따르면 현재 대구에는 대학, 연구 기관, 벤처기업의 밀집도가 높은 동구 지역에 미국 실리콘밸리를 지향하는 '동대구벤처밸리'(동대구촉진지구)가 조성되어 있다. 장기적으로 이 지역이 대구형 벤처 창업 생태계의 네트워크 허브 역할을 할 수 있게 집중적으로 육성하고 있다고 한다.

권대수 원장의 이야기를 직접 들어보자.

"동대구벤처밸리에는 대구테크노파크를 비롯해 대구창업허브DASH, 대구콘텐츠코리아랩 등 10여 개의 창업 지원 기관이 있으며 이 기관들이 창업 공간 제공에서 기술이전, R&D, 시제품 제작, 시험 및 인증, 교육, 마케팅, 판로 개척, 자금 및 투자 연계까지 기술 사업화 전 주기에 걸쳐 지원하고 있다. 이 밖에도 대구시는 5년마다 '대구광역시 기술창업지원 종합계획'을 수립해 지역 스타트업 지원 정책을 좀 더 체계적으로 추진하기 위해 노력하고 있다. 특히 2021년 발표한 계획에는 '꿈이 실현되는 성공창업도시'라는 비전 아래 2025년까지 창업 기업 3,000개, 공공 창업 펀드 조성 2,000억 원, 예비 유니콘 10개사 육성이라는 목표가 포함되었다."

권대수 원장은 지난 2020년 12월 대구테크노파크 원장 취임 후 코로나19 장기화로 기업과 투자자의 현장 참여가 어려워진 상황을 극복하고, 수도권에 있는 투자자와의 상시 상담 채널을 확보하기 위해 지역 최초로 '온라인 IR센터'를 개소해 지역 스타트업의 투자 유치 확대 및 IPO(상장) 활성화 지원을 강화해왔다. IR센터를 개소한 2020년 하반기부터 10여 개의 투자 파트너사와 함께 '온-오프라인 지역투자 및 상장 활성화 IR상담회'를 격월로 진행하고 있으며, 2021년 12월까지 총 6회에 걸쳐 51개사의 투자 유치 컨설팅 및 IR피칭을 지원했다. 특히 여기에서 중요한 것은 바로 원스톱 지원 체계다. 대구테크노파크는 대구시, 한국거래소, 한국예탁결제원, 대구은행, 하이투자증권과 지역 투자 유치 및 IPO 활성화를 위한 6자 간 업무협약MOU을 체결함으로써 지역의 우수 스타트업이 기술 창업에서 투자 유치, 상장까지 한 번에 지원받을 수 있는 원스톱 지원 체계를 구축했다.

대구 5+1(물, 미래형 자동차, 의료, 로봇, 에너지, 스마트시티) 미래 신산업 분야 기업의 투자 유치 및 상장 활성화를 위한 '지역혁신투자협의회'를 발족하고, 이 협의체가 대구시 신산업 분야 기업과 지원 기관 간 정보 공유 및 교육·IR 등을 실질적으로 지원하는 구심점 역할을 할 수 있도록 운영할 계획이라고 한다.

"그 밖에도 대구시, 경상북도, 대경권 11개 대학이 출자해 운영하는 대경지역대학공동기술지주(대구테크노파크 원장 겸직)는 지난해 팁스TIPS 추천권 2개를 확보한 데 이어 2021년 9개의 추천권을 확보하여 지금까지 지역 스타트업 총 11개사가 중소벤처기업부 팁스 프로그램에 선정되는 쾌거를 거두었다. 이들 11개 기업은 대경지주가 운용하고 있는 170억 원 규모의 지역 투자 펀드와 연계하여 집중적으로 육성할 계획이다."

현재 대구는 수도권보다 다소 어려운 상황이지만 지역 경제와 일자리를 위해 다양한 업무를 종합적으로 진행하고 있는 것으로 보인다. 이러한 노력이 지방의 더 낮은 단계에서도 실천될 수 있을 때 스마트업 생태계의 모세혈관에까지 심장박동 소리가 들릴 수 있을 것이다.

Interview

"대한민국의 중심, 충남·대전은 이제 창업 허브로 도약할 것이다"

강희준

(충남창조경제혁신센터 센터장)

Q 향후 대한민국 창조경제혁신센터의 역할과 방향은?

그간 다양한 지역 혁신 주체가 참여하여 개방성·자율성·다양성을 기조로 초기 스타트업의 보육, 투자에 집중했다면 이제는 변화하고 있는 지역 창업 생태계에 적합한 발전 방안을 모색해야 한다. 최근 디지털 혁신 경제를 선도할 신산업, 혁신 스타트업 창업 및 4차 산업혁명 같은 혁신 분야로의 전환 추세에 발맞추어야 할 것이다. 이와 관련해 크게 2가지 방향에 대해 언급하고자 한다.

첫째, 공공 액셀러레이터로서의 지역 스타트업 투자 활성화를 견인해야 한다. 둘째, 지역의 다양한 파트너 기업 및 기관과 협업하는 오픈 이노베이션을 확대해야 한다. 이를 통해 지역 창업

허브로서의 실질적 역할을 강화해야 할 것이다.

위와 같은 목표를 실현하기 위해서는 내·외적인 자원 및 인프라 보강이 절실하다. 수요자 중심의 능동적이고 자율적인 창업 지원에 제약 요인으로 작용하고 있는 행정 중심적 획일화를 탈피하고 국가 균형 발전에 기여할 수 있는 혁신센터 주도의 건강한 지역 투자 기능을 강화해야 한다. 또한 지역 수요 기반의 특화 분야를 재정비하고 각 지역 혁신센터가 특화 분야를 적용한 핵심 기능별 모델 유형 등 차별화된 성과 지표 구축도 필요하다.

Q 충남 지역 창업 생태계의 위기와 기회는 무엇이라고 보는가?

수도권과 가장 밀접한 지리적 위치에 있는 충남 지역 창업 생태계의 성장은 고무적이다. 충남 각 기초 지자체가 청년 창업에 대한 관심과 정책 수립을 위해 실천적 움직임을 가시화하고 있다는 점에서도 충남의 창업 생태계는 기회가 많다고 볼 수 있다. 다만 지방 행정부가 창업에 대해 명확하게 인식하고 창업의 순기능적 역동성을 충분히 인지해 구심점이 되어 뒷받침해주어야 하지만 아쉬운 점이 많다. 여전히 초단기적, 가시적 성과에만 국한되어 있다 보니 창업 허브가 도에서 중심축으로 기능하는 데 한계가 있다. 이는 창업 허브의 역할을 담당할 인프라 구성과 이를 활용한 지원 정책이 체계적으로 연계되어 추진되는 것을 어렵게 만들고, 순환적 생태계 형성을 방해한다.

이런 어려운 환경 속에서도 각 기초 지자체가 갖고 있는 지역적, 문화적 특성은 충분히 활용 가능하다. 무엇보다 로컬에 배어 있는 차별적 자원과 배경이 풍부하다. 창업 네트워킹 공간과 꾸준한 지원 체계를 통한 지역 활성화 단계에서 소셜 벤처의 탄생과 함께 지역이 주도하는 투자 펀드 조성도 활발히 구축되고 있다. 이를 기반으로 지역 내 창업과 정주 환경이 함께 조성되면 인구 소멸의 어려움을 겪고 있는 기초 지자체는 충분히 국가 균형 발전의 열망에 부응할 수 있을 것이다.

17개 시·도가 모두 나름의 특성을 가지고 있지만, 충남의 기초 지자체가 가진 청년 기업에 특화된 자원을 바탕으로 로컬 크리에이터로서 창업 기업의 스케일업을 이끄는 역량을 발휘한다면 큰 성과가 있을 것으로 판단한다.

Q 충남창조경제혁신센터의 성공 사례를 소개한다면?

미세 먼지와 이산화탄소를 배출하는 석탄화력발전소가 다수 위치한 충남은 대표적인 탄소 밀집 지역으로 에너지 전환과 그린 뉴딜 정책을 적극 추진하고 있다. 충남창조경제혁신센터는 이러한 지역의 거시적 문제에 접근하고 해결책을 제시하기 위해 특화 분야인 친환경 신재생 에너지 분야의 스타트업을 대상으로 지속적인 지원과 직간접 투자 연계 프로그램 등을 진행하고 있다. 지난해 운영된 '그린 임팩트 액셀러레이팅 프로그램'은 한국환경산업기술원과 협력해 그린 뉴딜 분야 스타트업 10개사를 발굴했고, 그중 2개사는 직접 투자를 진행하고 있다. 또한, 도내 스타트업의 해외 진출 지원을 위해 파트너사인 한화 드림플러스와 연계한 'Pre-GEP 프로그램'을 운영해 지원하고 있다. 또한 코트라와 협업을 통한 중국 수출 테스트 베드 및 해외 전자상거래 플랫폼 입점 지원 등 지속적으로 스타트업의 해외 판로 개척을 위해 지원하고 있다. 현재는 충청남도의 국제 협력 사업 연계를 통해 인도네시아 서자바주 친환경 ODA사업을 기획·진행 중이다.

포스트 코로나 시대의 스타트업 전망

_ 글로벌 라이징 기술과 기업

2021년, 전 인류는 팬데믹으로 '암흑기'를 경험했지만 글로벌 스타트업들은 '황금기'를 누렸다. 미국 스타트업 정책 자문 회사 스타트업지놈이 발표한 자료에 따르면 2020년 상반기 글로벌 벤처투자 규모는 1,480억 달러였지만, 2021년 상반기에는 2,880억 달러로 늘어났다. 무려 95%가 늘어난 셈이다. 유니콘 기업 수도 43%가 증가하면서 투자와 성장에서 최고의 한해였다고 봐도 무방하다. 물론 코로나19가 확산되던 초기에는 스타트업에 대한 투자도 주춤했지만, 2021년을 거치면서 완연한 회복세를 넘어 더 과감한 투자가 이뤄지고 있다. 그런 점에서 앞으로도 이러한 투자세는 계속 이어질 것으로 보이며, 유니콘 기업 역시 증가하리라 예상된다. 미국 연구 자문 회사인 가트너와 영국 회계 법인 딜로이트는 2022년 투자 가이드라인과 함께 미래 변화를 감지할 수 있는 주요 기술 트렌드를 제시했다. 2022년을 장식할 라이징 기술과 스타트업을 알아보자.

클라우드 플랫폼 서비스

기업은 여러 방면에서 IT 기술을 활용하며 디지털화를 진행하고 있다. IT 기술의 구성 요소는 매우 다양하다. 서버와 네트워크, 운영체제가 있어야 한다. 여기에 가상화, 데이터, 앱 등도 뒷받침되어야 한다. 이 모든 것이 한꺼번에 제공되는 서비스가 바로 '클라우드 플랫폼'이다. 기업은 이러한 서비스를 이용해 훨씬 손쉽게 직원을 관리하고 영업 활동을 할 수 있다.

클라우드 기반 서비스를 제공하는 기업 중에 가장 시선을 끄는 기업이 '스노우플레이크snowflake'다. 투자의 귀재 워런 버핏이 투자해서 많은 관심을 끌기도 했다. 미국 실리콘밸리에서 가장 빠르게 성장한 기업으로 손꼽히고 있으며 2020년 9월 상장하자마자 시가총액이 무려 81조 원에 달했다. 스노우플레이크는 데이터 처리 속도를 획기적으로 개선하고 그 비용을 절반으로 줄였다. 2021년 7월 기준 고객사 4,900곳을 확보했다. 와탭WhaTap은 IT 서비스를 하는 동안 장애를 예방하거나 장애 발생 시 효과적으로 대응할 수 있는 클라우드 플랫폼 서비스를 제공한다. 통합 대시보드를 활용하는 방법으로 사용자 편의를 대폭 개선했으며, 현재 롯데쇼핑, 두산, SK브로드밴드 등을 고객으로 두고 있다. 2020년에는 전년 대비 173%의 매출을 기록한 바 있다. 넥스클라우드NexCloud는 글로벌 오픈소스 기반 클라우드 네이티브 솔루션 기업이다. 소비자 요구로 프로그램을 업데이트할 때 기업은 운영체제를 대폭 개선해야 하므로 많은 장애에 부딪힐 수밖에 없다. 넥스클라우드는 여기에 드는 비용과 시간을 줄여주는 솔루션을 제공한다.

복합 앱

시장의 불확실성은 단순히 경기와만 연결되지 않는다. 고객의 욕구가 높아져도 시장은 불확실해진다. 앞으로 사용자들은 각종 앱에 더 많은 기능과 효율화를 원할 수밖에 없을 것이다. 따라서 기업으로서는 많은 인력과 비용을 들어야 한다. 이러한 문제를 해결하기 위해서 탄생한 것이 바로 '노코드 툴no-code tool'이다. 이 툴을 사용하면 코딩 기술 없이도 앱이나 웹을 제작할 수 있다. 이 툴을 사용하면 경쟁사 대비 80%나 속도를 줄일 수 있다.

글라이드Glide는 구글의 스프레드시트를 데이터베이스로 사용하여 간단하게 앱을 만들 수 있는 서비스를 제공한다. 특히 실시간으로 작업한 내용이 앱에서 어떻게 구현되는지를 직접 확인하면서 작업할 수 있다. 다양한 템플릿이 제공되기 때문에 코딩을 잘 모르는 일반인도 쉽게 앱을 제작할 수 있다. 앱가이버AppGyver는 2010년 설립된 회사로 앱과 웹을 올인원으로 개발할 수 있는 서비스를 제공하고 있다. 개발의 자유도가 높을 뿐만 아니라 확장성도 뛰어나다. 다만 소프트웨어 개발에 대한 기본 지식이 어느 정도 있어야 활용할 수 있다. 스마트메이커Smart Maker는 AI에 기반을 둔 노코드 플랫폼이다. 워드를 사용할 수 있으면 누구나 앱을 만들 수 있을 정도로 쉽고 간편하게 제작되었다. 특정한 모듈을 드래그하는 것만으로 작동이 될 수 있게 했다. 현재 한국도로공사, 한국전력, 현충원 등과 같은 공공 기관에서도 스마트메이커로 앱을 만들어 실제 업무에 적용하고 있다.

하이브리드 업무 환경

코로나19로 원격 근무 솔루션들이 큰 인기를 얻고 있다. 그런데 원격 근무가 끝나고 출퇴근하거나 반복적으로 원격 근무를 하게 될 때는 업무 환경이 완전히 달라져 원활한 업무 수행이 되지 않을 수 있다. 이러한 환경을 일명 '하이브리드 업무 환경'이라고 부른다. 사무실이나 집에서 혹은 이동을 하면서 근무하는 것을 말한다. 다양한 상황에서도 업무 진행과 협업을 계속 유지하기 위해서는 화상회의, 메신저, 기업용 전화, 온라인 행사 진행 및 관리 등이 하나가 되는 솔루션이 필요하다.

오피스투게더Office Together는 출근할 때 업무 공간을 예약함으로써 출근 여부를 확인할 수 있으며, 특정 날짜에 누가 사무실에 있는지를 알려주기 때문에 협업과 소통을 위한 기회를 제공한다. 또 건강과 관련한 문진 항목을 제공하고 있어서 사무실을 좀 더 안전하게 사용할 수 있다. 업무용 솔루션 스윗Swit은 2020년 미국 잡지 〈CIO리뷰CIOReview〉가 뽑은 '가장 유망한 원격 업무 기술 솔루션' 1위에 선정되기도 했다. 메신저와 업무 관리 기능은 물론이고 전자 결제까지 할 수 있도록 확장된 서비스를 제공하고 있다.

마이데이터

마이데이터는 '오픈 뱅킹'을 확장해놓은 형태로 은행, 보험, 카드, 통신사 등에 흩어진 개인 정보를 하나로 통합해서 관리할 수 있는 서비스이다. 통신료 납부 내역이나 소액 결제 내역은 물론 연금보험료 납부 내역까지 한눈에 파악할 수 있다. 이런 서비스가 상용화되면 앱 하나로 여러 금융 서비스를 이용하고 관리할 수 있게 된다. 각 은행이 마이데이터 서비스에 사활을 걸고 있는데, 소비자는 한번 금융사를 정하면 쉽게 바꾸지 않는 성향이 있기 때문이다. 게다가 딜로이트의 보고서에 따르면 이렇게 수집된 데이터와 또 다른 데이터를 결합해 새로운 비즈니스 모델을 창출할 수 있다.

뱅크샐러드banksalad는 국내 최초로 자산 관리 서비스 앱을 출시했다. 2021년 12월 기준으로 누적 다운로드 1,000만 회를 기록했다. 데이터 연결 속도를 90%가량 단축한 것과 고객 편의성을 대폭 개선한 것이 인기 요인이다. 앞으로는 금융 정보뿐만 아니라 건강 데이터까지 사업을 확장할 예정이어서 '종합 마이데이터 플랫폼'으로 성장할 계획을 세우고 있다. 핀크Finnq는 SK텔레콤과 하나금융그룹이 함께 설립한 합작 투자 법인이다. 기존의 일반 금융 정보는 물론이고 가상 자산까지 등록할 수 있다.

데이터 패브릭

디지털 세상이 되면서 매일 엄청난 양의 데이터가 쌓이고 있다. 데이터 패브릭이란 수많은 데이터를 하나의 플랫폼으로 통합, 관리, 단순화하는 것을 말한다. 데이터 접근을 간소화해 데이터를 쉽게 공유하고 활용할 수 있다. 특히 팀별로 데이터를 수집하면 공유가 힘들어 이를 활용하기 위해 분산된 데이터를 수집하고 가공하는 데만 또 다시 시간과 비용이 든다. 이 과정이 데이터 페브릭으로 효율화되면 데이터 관리 비용을 70%까지 줄일 수 있다.

팔란티어Palantir는 빅데이터 기업으로 중앙화된 데이터 운영체제를 구축하여 분산된 데이터를 효율적으로 관리하고 있다. 이를 통해 고객들은 조직 내에서 생성되는 엄청난 양의 정보를 쉽게 파악하고 의사 결정을 할 수 있다. 데이터를 그래프나 맵핑 등 다양한 형태로 시각화해서 보여주기도 한다. 데이터스트림즈Data Streams는 데이터를 ETL(추출extraction, 변환transformation, 적재loading)해주는 기업이다. 메타데이터 관리, 데이터 품질 관리, 데이터 흐름 관리, 기준 정보 관리 등의 솔루션을 제공한다.

생성형 AI

AI는 가장 대표적인 4차 산업혁명 기술이다. 기존의 데이터를 분석하고 학습하여 결정한다. 여기에서 한 걸음 더 나아간 것이 바로 '생성형 AI'이다. 생성형 AI는 기존의 데이터를 학습하는 것을 넘어, 주어지지 않은 새로운 정보나 아티팩트artifact(운영체제나 앱을 사용하면 생기는 흔적)를 학습할 수 있다. 그렇게 되면 특정한 콘텐츠나 정보, 사물을 학습한 후에 이와 비슷한 결과물까지 만들어낼 수 있다. 아직 연구가 진행 중이어서 직접 생성이 가능한 결과물이 1%도 채 되지 않는다. 하지만 향후 10%까지 올라갈 수 있으며, 이렇게 되면 기존의 AI 판도를 바꿔놓을 것이다.

포자랩스POZAlabs는 여러 음악의 장르별 규칙을 분석하고 10분

안에 비슷한 음악을 만들어내는 기술을 연구해왔다. 편곡이나 믹싱까지 가능하다. 향후 선호하는 악기를 섞어서 음악을 만드는 기술도 선보일 예정이다.

라이언로켓LionRocket은 영상 및 음성 생성 기술 스타트업이다. 텍스트를 입력하면 동영상 속 말하는 인물을 생성하거나 선택한 목소리로 텍스트를 읽는 기술을 보유하고 있다. 가상의 모델이나 성우를 활용하는 동영상 콘텐츠를 만들 수 있다. 향후 메타버스 등으로 활용이 확대될 전망이다.

메타버스

적지 않은 글로벌 IT 기업들이 메타버스에 많은 투자를 하고 있다. 특히 증강현실AR과 가상현실VR이 더욱 발달함에 따라 현실 세계 못지않은 메타버스의 가상 세계가 만들어질 것으로 보인다. 메타버스는 코로나19로 경험의 세계가 축소된 상태에서 MZ세대에게 더 많은 경험을 제공하는 유용한 플랫폼이 되고 있다. 무엇보다도 사용자들이 이 공간 안에서 제품이나 서비스를 판매할 수 있다는 점을 눈여겨봐야 한다. 단순한 즐거움이나 경험을 넘어서 향후 온라인 세계는 이 메타버스로 재편될 가능성이 크다.

애니펜ANIPEN은 헬로키티, 뽀로로, 뿌까 등의 AR 영상 콘텐츠를 제작해온 기업이다. 특히 AR로 뽀로로 하우스를 짓고 놀이를 즐길 수 있는 '뽀로로 월드'를 만들기도 했다. 가우디GAUDI는 메타버스에 현실감을 불어넣는 음성 및 음향 기술 전문 기업이다. 몰입도를 높이는 오디오 경험을 제공해 메타버스를 더 생생하게 즐길 수 있게 한다. 스페이셜Spatial은 애초에 가상공간에서 이루어지는 협업을 위해 개발된 메타버스 플랫폼이다. 그런데 실제 서비스를 하다 보니 업무뿐만 아니라 교육, 놀이, 전시까지 활용할 수 있었다. 여기에 NFT가 더해지면서 작품을 감상할 수 있는 갤러리까지 개설되었다.

NFT

NFT는 디지털 아이템의 소유권을 기록하는 암호화 자산이다. 누구나 대체 불가능한 토큰, 즉 NFT를 만들어 콘텐츠를 팔 수 있어 인기가 높다. 미국 NFT 거래소 오픈시OpenSea의 기업 가치가 반년 만에 9배로 뛰었을 정도로 높은 성장세를 보인다. 최근 NFT는 그 영역이 미술이나 사진을 넘어 점점 확대되고 있다. 스포츠 경기 장면이나 맥주캔을 NFT로 발행해 판매하기도 했다. NFT는 온라인에서 거래할 수 있는 모든 제품에 적용할 수 있어 미래 전자 상거래에서 매우 중요한 위치를 점할 것이다.

두나무는 최근 유니콘 기업으로 등극한 NFT 거래 플랫폼이다. 현재 검증된 NFT를 제공하는 서비스와 기존에 소장한 NFT를 회원 간에 거래할 수 있는 마켓 플레이스를 운영하고 있다. 과거 블록체인 기반의 암호화 화폐 거래소를 운영한 노하우와 기술력으로 약진하고 있는 스타트업이다. 향후 데카콘으로의 성장이 기대된다.

스노우닥snowDAQ은 블록체인을 기반으로 하는 K-팝 팬덤 플랫폼이다. 이곳에서는 K-팝이나 K-컬처와 관련한 NFT를 거래할 수 있다. 다만 이러한 콘텐츠들은 검증이 힘들어서 배우나 가수, 작가 등과의 직접 계약을 통해 검증된 콘텐츠를 경매로 판매하고 있다.

MZ세대를 사로잡은 스타트업센터

_ 스타트업베이가 만든 기적

사람에게는 내적 동기와 외적 동기가 있다. 외적 동기란 외형상 주어지는 혜택이나 이익을 말하며, 반대로 내적 동기란 강한 의욕이나 결핍감 또는 취향과 개성을 말한다. 취업 시장에서 빠지지 않고 등장하는 용어가 '미스매칭mismatching'이다. 일자리는 널려 있는데 구직자가 일자리를 선택하지 않는 것을 의미한다. 그 결과 '일자리는 많은데 실업자도 많은' 이해되지 않는 상황이 펼쳐진다. 이럴 때 적지 않은 사람들이 '도대체 돈을 벌 수 있다는데 왜 취업을 안 해?'라고 의아해하기도 한다. 그러나 이는 외적 동기만 보고 내적 동기를 간과한 것이다. 정부의 각종 정책도 이 내적 동기와 외적 동기를 동시에 만족시킬 수 있어야 한다. 지방 소멸에 맞서 지역 청년들의 창업을 독려하는 데도 이 내적 동기는 반드시 참작되어야만 한다.

공공 기관을 옮기면 인구가 늘어난다?

지금 지방의 위기는 매우 심각하다. 고등학교만 졸업하면 상당수가 서울이나 수도권으로 떠나기 때문이다. 굳이 '지방 소멸'이라는 말을 언급하지 않아도 지방에서 느끼는 소외감은 임계점을 넘어서고 있다. 창업 분야에서도 마찬가지다. 다수의 인큐베이터와 투자자들이 전부 수도권에 몰려 있어서 지방에서는 스타트업조차 하기 쉽지 않은 상황이다.

여러 가지 지방 문제를 해결하기 위해 정부가 짜낸 묘안이 바로 공공 기관 지방 이전과 '혁신 도시' 지정을 통한 지방 활성화였다. 2014년부터 시작된 본격적인 공공 기관 지방 이전은 2019년에 마무리되었다. 공공 기관 176곳이 이전을 했으며, 여기에 들어간 비용은 약 10조 5,000억 원이었다. 그런데 문제는 비용 대비 효과가 별로 없다는 것이다.

한국개발연구원은 2021년에 〈공공기관 지방이전의 효과 및 정책방향〉에 대한 보고서를 발표했다. 이 보고서는 수도권으로부터의 인구 유입은 단기간에 그쳤고 2018년부터 수도권으로의 순유출이 시작되었다는 진단을 내놓았다. 일자리 증가 역시 일어나지 않았다. 단기적으로 공공 기관 인근에 음식점들이 늘어나긴 했지만 지식 기반 산업의 고용 효과는 반감되었다. 극히 일부 혁신 도시를 제외하고는 애초에 계획했던 인구가 채워지지 않았고 가족 동반 이주율 역시 낮았다. 심지어 나주 혁신 도시는 1조 9,000억 원에 가까운 막대한 비용을 들였지만 부동산 시장만 과열된 채 투자 대비 효과는 그리 크지 않았다. 이러한 안타까운 결과가 나타나는 것은 정책 담당자들이 그 정책의 수요자인 국민의 마음을 지나치게 기계적으로만 판단하면서 외적 동기만을 상정했기 때문이다. 외지인 공무원들이 자신의 지역으로 출퇴근한다고 해서 갑자기 '머물고 싶고, 살고 싶은 내 고향'이 되지는 않는다. 그런 점에서 이제는 외적 동기를 통해 지역을 활성화하려는 시도보다는 내적 동기를 더 중요시하는 정책이 펼쳐져야만 한다.

모두가 말린 서귀포에서의 도전

필자는 2019년 넥스트챌린지재단과 서귀포시와 함께 청년창업지원센터인 '스타트업베이'를 열었다. 스타트업베이의 시작까지는 매우 험난한 과정들이 있었다. 심지어 모든 계획이 비현실적으로 보일 정도였다. 서귀포에는 대학이 없어 청년이 많지 않았다. 게다가 서귀포는 외지인이 들어와 창업한다고 해도 제주공항에서 버스로 1시간이나 걸린다. 음식점과 숙박업소를 빼면 젊은이들이 좋아하는 쇼핑 시설도 찾아보기 힘들다. 서귀포시는 17개 읍면동 중 12곳이 벌써 초고령화 지역에 진입했으며 인구도 18만 명에 불과해 유명 관광지와 중심지를 벗어나면 사람 보기도 쉽지 않았다. 이러한 열악한 환경 때문에 필자의 지인들 역시 서귀포가 아닌 제주시에서 시작하라고 권유했다. 그러나 불모지를 개척할수록 그 성과는 더욱 빛나게 마련이다. 당시 필자는 이런 생각으로 창업센터를 구상하기 시작했다. '만약 서귀포에서 청년창업지원센터가 성공할 수 있다면, 전국 지방 도시 어디든 성공할 수 있을 것이다!'

그렇게 해서 필자의 무모한 도전은 시작되었다. 당시 서귀포시 담당 국장님의 전폭적인 지원에 힘입어 넥스트챌린지재단은 서귀포에 본사를 둔 최초의 액셀러레이터가 되었다. 우리는 비영리 재단인 만큼 공공성을 추구해야 한다고 생각했기에 대한민국 최남단 서귀포로 마음을 움직이게 했다. 이후 필자는 개척 정신과 운둔근, 사명감으로 이 일을 진행했다. 3년 동안 서울에서 제주로 간 비행기 티켓을 확인해보니 공식적으로 총 216회였다.

가장 어려웠던 것은 '코워킹 스페이스'와 공유오피스를 서귀포시 관계자에게 이해시키는 일이었다. 코워킹 스페이스와 공유오피스에 관한 개념이 아직 미비한 때라 반대에 부딪혔고 스타트업 생태계와 창업자의 공간 철학을 이해시키는 데 어려움을 겪었다. 다음은 예산이었다. 소도시다 보니 예산이 빠듯해 직접 예산 절감과 효율 향상, 국비 유치에 주력했다. 이런 노력 끝에 2019년 6월 정식으로 스타트업베이의 문을 열 수 있었다. 그리고 3년의 세월이 흐른 뒤 마주한 결과는 모두 놀랄 정도였다. 3년 동안 124개 기업을 보육해 매출 364억 원, 고용 창출 222명, 지식재산권 137건, 벤처기업 인증 13건 등의 성과를 만들어냈다. 50만 정도 인구의 시보다 예산·규모·인프라·여건 대비 월등한 성과를 창출해냈다.

스타트업베이가 이런 성과를 내기까지는 다양한 활동이 기반이 되어주었다. 일반적인 창업지원센터의 경우 예산에 맞춰 예비 창업자, 초기 창업자 지원 프로그램 위주로 진행되지만 필자의 생각은 달랐다. 지역 창업 생태계를 활성화할 수 있는 유일한 방법은 4차 산업혁명 시대의 '속도'를 따라잡기 힘든 지역 주민의 인식, 즉 디지털 스타트업 문해력Digital startup Literacy을 바꾸는 일이었다.

앞으로는 양질의 일자리는 모두 ICT와 접목하고 스타트업을 통해 기술 사업화가 된다는 것을 알릴 필요가 있었다. 그래서 중고등학교 교사와 교장, 교감을 일깨우는 일을 시작했다. 지방에는 창업에 도전하는 청년이 현저히 적은 것을 볼 수 있는데 이를 해결하기 위해 훗날 도전할 수 있도록 씨앗을 뿌리는 역할도 병행했다. 교사들이 확신을 가지고 미래의 유망 진로와 스타트업의 미래를 알아본다면 분명 학생들에게 스타트업 전도사가 되어줄 것이라 생각했다.

이 외에도 스타트업의 지원 프로그램(예비 창업자, 초기 창업자, 1인

기업, 중장년을 위한 맞춤형 투자 유치, 액셀러레이팅, 밋업, 글로벌 진출 프로그램)과 서귀포만의 '디지털 노마드 프로그램'이 성공적으로 확산됐다.

하지만 이게 전부는 아니었다. 스타트업베이가 성공할 수 있었던 진짜 비결은 이러한 행사들에만 있지는 않았다. 성공의 핵심은 바로 청년들이 머물고 싶고, 일하고 싶은 내적 동기를 일으킨 데 있었다.

먼저 스타트업베이에서 중요시한 것은 '공간'이었다. 공간 자체를 고급스러우면서도 세련되게 만들었다. 최대한 당시의 첨단 트렌드를 반영하려 노력했다. 필자 역시 건축가였기에 이 부분에 더욱 신경을 썼다. 만약 '창업 공간'이라고 해서 그저 사무실처럼 삭막하게 공간을 만들었다면 청년들이 모이기 힘들었을 것으로 생각한다. 혹자는 창업은 사업을 해서 수익을 내는 일인데 일하는 공간 자체가 뭐가 그리 중요한가 반문할 수 있다. 하지만 공간은 사람에게 생각보다 많은 영향을 미친다. 프랑스 철학자이자 사회학자인 앙리 르페브르는 이렇게 이야기했다.

"공간은 매 순간 인간 상호작용에 개입하고, 의식을 변화시킨다."

즉 공간은 그저 무균질의 텅 비어 있는 장소가 아니다. 그 공간이 어떻게 배치되어 있느냐에 따라서 사람과 사람의 의사소통에 영향을 미치고 심지어 의식까지 변화시킨다.

실리콘밸리의 최첨단 기업이 왜 그토록 사무실에 신경을 많

스타트업베이에서 가장 중요시한 것은 공간이었다. 젊은 세대들이 가장 머물고 싶고, 일하고 싶은 공간을 만들기 위한 노력은 스타트업베이가 성공하는 데 기틀이 되었다.

이 쓰는지를 보면 알 수 있다. 아마존의 사무실은 책상 칸막이가 없고 회의실 한쪽에는 강과 폭포까지 만들어져 있으며 마치 열대 우림같이 식물 4만 점이 함께하고 있다. 이렇게 한 이유는 바로 '직원들의 창의적 아이디어'를 끌어내기 위해서다. 창의적 아이디어는 자발적 노력도 필요하지만 공간에 의해 유도되기도 한다. 반대로 스타트업 직원들을 영화 〈기생충〉에 나올 법한 반지하 같은 장소에 몰아넣고 다닥다닥 붙은 책상에서 일하게 하면 어떨까? 아마도 창의적 아이디어는 고사하고 높은 월급을 주어도 회사를 떠날 것이다.

요즘 젊은 세대는 특히 공간에 더 민감하다. 스타벅스에 유독 많은 사람이 찾아가는 이유도 단순히 커피 맛 때문은 아니다. 그 공간이 자신을 자유롭게 하고 일에 몰입할 수 있게 도움을 주기 때문이다. 스타트업베이는 바로 이러한 청년들의 니즈를 반영해 그들이 가장 머물고 싶고, 일하고 싶은 공간을 만들어내면서 성공의 기틀을 마련했다.

전 세계 청년을 불러모으다

스타트업베이에서 다음으로 중요시한 것은 내실 있는 프로그램이었다. 먼저 사람을 모이게 하기 위해서는 정교한 전략이 필요했다. 그들의 라이프 스타일을 살펴야 하며, 그들이 스스로 매력적인 요소를 발견하고 올 수 있게 해야 한다. 하지만 서귀포는 지역 청년조차 없던 터라 육지 청년들을 유입시켜 서귀포에 정착해서 생활하고 일하고 행복한 가정을 일굴 수 있다는 믿음을 줄 수 있어야 했다. 한마디로 육지에서 청년과 중장년, 외국인이 서귀포로 몰려들게 할 묘책이 필요했다. 그래서 발굴한 프로그램이 서귀포에 현지화된 '디지털 노마드 프로그램'이다.

2016년 인도네시아 발리에서 열린 디지털 노마드 축제 'CUAsia' 행사에 참여해 깊은 인상을 받고 영감을 얻었다. 알다시피 발리와 서귀포는 따뜻한 날씨와 천혜의 자연을 만끽할 수 있는 유일한 곳이다. 그래서 서귀포도 할 수 있겠다는 생각으로 스타트업베이를 개소하고 제일 먼저 '디지털 노마드 프로그램'

스타트업베이는 내실 있는 프로그램으로 전국에서 그리고 세계 곳곳에서 서귀포로 사람들을 불러모으는 데 성공했다.

을 시작했다. 지금은 평균 경쟁률이 10:1이 넘을 정도로 자리 잡았다. 매년 2회씩 열리고 있으며 현재까지 9기가 진행되었다. 작가, 프리랜서, 개발자, 웹툰 디자이너, 교수, 변호사, 대기업 회사원, 외국인 등 다양한 직업을 가진 지원자들이 몰려왔다. 외국인은 현재까지 미국, 불가리아, 세르비아, 사우디아라비아, 폴란드, 싱가포르, 미얀마, 말레이시아 등 15개국에서 참여하고 있다.

서귀포에서 창업지원센터가 성공했다는 것은 전국 어디에서든지 가능하다는 의미다. 더 나아가 스타트업베이의 희망을 본

초고령화 도시 서귀포에는 2024년 2,500평 규모의 창업 지원 주택과 앵커 시설이 함께하는 공간이 들어설 예정이다. 대학이 없어도 대기업이 없어도 상관없다. 우리나라 곳곳에 아름다운 강산이 있으니 이러한 요소와 잘 연계하면 도시의 삭막한 경쟁에 지친 청년에게는 오히려 지방이 더 창업에 적합한 지역임을 어필할 수 있을 것이다.

이제 지자체에서 스타트업을 활성화하고 싶다면 이제까지의 개념과 인식, 방식을 지워버리고 새롭게 시작해야 한다. 심지어 타깃을 지금의 10대 후반으로까지 낮춰 그들의 내적 동기와 라이프 스타일을 연구해야 한다. 이러한 분석 안에서 '스타트업'이 자리 잡을 수 있을 때 우리나라는 진정한 창업 강국이 될 수 있다.

새로운 도시 모델의 출발

_ 판교와 청라

우리나라의 수도권 과밀화는 오랫동안 지적되어온 문제다. 전체 국토 12%에 인구 50%, 경제력 80%가 몰려 있다는 점은 전 세계적으로 봐도 가히 기록적이다. 또 100대 기업의 84%, 1,000대 기업의 75%가 수도권에 몰려 있다. 선진국 중에서도 과밀화 정도가 가장 심하다. 이러한 문제는 국가의 위기라고 봐도 무방하다. 외형상 한국의 경제력은 계속해서 상승해왔지만 이 과밀화 문제를 해결하지 않으면 더 이상 발전이 가능하지 않기 때문이다. 지나친 경쟁으로 일자리는 얻기 힘들고 집값은 올라 출산도 포기할 지경이다. 그 결과 자연히 인구도 감소해 국가 경쟁력은 심각하게 위협받고 있다. 특히 쇠퇴한 지방 중소도시에 막대한 정부 예산이 들어가 재정 건전성을 해칠 우려도 있다. 지금까지 '산업이 성장하고 경제가 발전해야 한다'는 목표를 위해 달려왔다. 그러나 이제는 산업과 경제에 이어 '국토의 균형 발전'이라는 새로운 목표를 추가해야만 한다. 그리고 이 문제의 핵심에는 함수관계에 있는 도시 계획, 일자리 그리고 스타트업이라는 3가지 변수가 존재한다는 것을 알아야 한다.

판교와 청라에서 발견한 해답

수도권 과밀화 현상에는 다 그럴 만한 이유가 있었다. 산업화 초기에 자원이 부족했던 우리나라는 모든 주요 시설과 사람들을 한군데로 모아야 했다. 이렇게 하면 효율성이 높아져 성공 속도가 빨라진다. '한강의 기적'이라고 불리는 현상도 한강을 중심으로 끝없이 자원이 모였기 때문에 가능한 일이었다. 하지만 이제는 그 정도가 지나쳐도 너무 지나친 상황이 되어버렸다.

수도권 과밀화 문제의 출발은 일자리에서 시작되었으며 여기에 문화와 교육의 격차도 한몫하게 된다. 그런 점에서 일명 '판교테크노밸리'가 이뤄낸 성과를 살펴볼 필요가 있다. 판교 역시 수도권에 속하지만 신도시 개발이라는 관점에서 본다면 여타 지역에서 충분히 벤치마킹할 만하다.

판교는 교통과 생활 편의 시설은 물론 일자리까지 삼박자가 잘 갖춰진 신도시다. 그중에서도 일자리 증가가 주효했다. 판교는 수도권에 있는 2기 신도시 중에서 유일하게 '자족 도시'로 성공한 것으로 꼽히고 있는데 이 역시 일자리가 풍부하기 때문이다. 그러니 젊은 인구가 빠르게 유입되고 자연스럽게 상권까지 활기를 띨 수밖에 없다. 그런데 도시의 성공 기준을 좀 확대하면 판교에 긍정적인 시선만을 보낼 수 없다.

일단 판교는 자연 친화적 도시도 아니고 문화가 풍부한 도시도 아니다. 그러다 보니 사람이 마음 편하게 쉴 수 있는 공간으로서는 일정한 한계가 있다. 결국 지역 경제 활성화와 일자리 측면에서는 성공했지만 나머지 부분에서는 부족한 부분이 적지 않다.

판교와 반대되는 문제점을 가진 곳이 바로 청라 지역이다. 흔히 인천 하면 송도가 먼저 떠오르겠지만 송도와 달리 서울 접근성이 훨씬 용이한 청라는 현재 인구가 급속하게 늘고 있어 초등학교에서는 11개 학급을 운영할 정도로 젊은 도시 중 하나이다. 2019년 목표 인구가 9만 명이었지만 현재는 12만 명을 웃돌고 있고 향후 20만 명까지 기대해볼 여지가 충분히 있다. 청라의 성공 비결은 부동산 요인이 거론되곤 하지만 판교에는 없는 것이 있다. 바로 국내 최대 크기의 청라중앙호수공원과 도심을 가로지르는 커넬웨이이다. 전체 면적이 무려 10.3km^2인 청라중앙호수공원은 인공호수로 청라를 자연 친화적 도시로 만드는 데 큰 역할을 하고 있다. 주변 아파트에서는 호수와 철새들까지 볼 수 있다. 게다가 도심으로 흐르는 커넬웨이는 이국적 풍경을 선사한다. 석양이 질 무렵 카약이 물 위를 가로지르는 모습은 마치 영화 속 한 장면처럼 느껴진다. 송도와 달리 청라는 여의도까지 자동차로 20분이면 갈 수 있어 접근성 또한 우수하고 각종 호재로 인해 면적은 송도의 10분의 1이지만 오히려 청라가 강력한 콤팩트 시티로 부상할 것이라 기대한다. 그러나 자연 친화적이면서도 살기 좋은 도시 청라의 문제점은 바로 일자리와 자족 도시로서의 기반이 부족하다는 것이다. 청라에 거주하면서 일하는 인구의 70%가 서울로 출근한다.

결국 판교와 청라는 최근 몇 년 사이 가장 성공한 도시 계획의 사례로 볼 수 있지만 여전히 각기 부족한 면들이 있다. 인천광역시는 이 같은 문제점을 인식하고 2021년부터 일자리 조성 정책으로 전환 중이다. 앞으로는 도시 설계 시 반드시 스타트업 생태계를 심어 양질의 일자리를 함께 기획하고 설계하는 융·복합적 패러다임으로 접근해야 한다. 한마디로 밀도 있는 도시 계획 관점과 높은 수준의 스타트업 생태계 관점을 동시에 바라보면서 큰 그림을 그려야 한다. 그러면 청년들은 저절로 유입될 것이다.

창업단지의 중요성

다시 말하지만 수도권 과밀화를 해체하는 도시 설계가 되기 위해서는 반드시 스타트업이 포함이 되어야 한다. 일자리 문제를 해결하려면 기업이 많아야 하지만 기존의 기업들을 옮기기는 쉽지 않다. 그런 점에서 스타트업은 창업과 동시에 일자리를 만들어낼 수 있으며, 빠르게 성장하는 것에 비례해서 직원 수도 늘어나게 된다. 그러므로 도시 계발 계획에 창업단지를 포함하는 것은 매우 중요하다. 특히 창업자들은 같은 상황에 있는 청년들과의 교류에 목말라 있는 경우가 많다. 이런 갈증을 창업단지가 해소해줄 수 있다. 다시 말해 창업단지는 한 도시 내에서 기업과 사람, 일자리와 교류를 끌어내는 유용한 방법이다. 여기에 판교와 청라의 장점들을 결합할 필요가 있다. 자족 도시가 가능한 시설들에 자연 친화적인 환경까지 더해지면 비로소 수도권에서 눈을 돌릴 수 있게 된다.

프랑스 정부가 디지털 산업 육성에 강력한 의지를 표명하면서 조성한 '스테이션F'가 바로 그런 창업단지다. 스테이션F는 프랑스 13구에 있는 옛 건물을 개조해서 만든 스타트업단지다. 무려 3,000개 이상의 작업 공간과 20여 개 이상의 각종 스타트업 지원 프로그램들이 있다. 특히 주변에 센강이 흐르고 있어 자연 친화적 환경을 갖추고 있다. 또 10분 거리에 공동 거주 스튜디오가 100여 개 정도 마련되어 있어 지역을 벗어나지 않고도 충분히 일과 생활을 할 수 있다.

스테이션F가 성공하는 데 면세점과 쇼핑몰이 큰 역할을 했다. 이런 시설들은 누구라도 이용하기 때문에 도시의 활력을 넘치게 만든다. 또 24시간 누구에게나 개방되는 휴식 공간과 식사

공간이 있는 것도 특징이다. 결국 스테이션F는 창업만을 위한 공간이 아니라 시민이 함께할 수 있는 공간으로 설계되고 발전해온 것이다.

전국 많은 지역에서 도시 개발이 이뤄지고 있고 또 창업단지가 세워지고 있다. 하지만 이 둘을 긴밀하게 연결해 전략을 짜는 경우는 그리 많지 않다. 도시는 도시대로, 창업은 창업대로 각기 분리해 생각하는 경향이 강하다. 이것은 틀린 생각이다. 이제는 새로운 도시 모델의 출발 시점에서부터 창업단지를 구상해야 한다. 그리고 그 공간은 일반인과 창업자가 함께 활용할 수 있는 것이라야 한다.

Interview

"2025년까지 인천 내에서 유니콘 기업 3개를 발굴하는 것이 목표다"

변주영

(인천시의회 처장, 전 인천광역시 일자리경제본부장)

송도와 청라가 위치한 인천은 전국 단위로 봤을 때 창업 생태계가 매우 순조롭게 만들어지고 있다. 창업 생태계 환경도 잘 갖춰져 있는데, 특히 인천은 2021년 기준 청년 인구 비율이 전체 인구의 27.3%를 차지해 광역자치단체 중 2위에 해당한다. 국내 특허 출원 상위 30개 대학에 인천 지역의 인하대학교와 인천대학교가 포함되어 있고, 창업 지원 기관도 총 43개소가 있어서 활발한 지원이 이뤄지고 있다. 우선 인천시의회 변주영 처장(전 인천광역시 일자리경제본부장)에게 사람들이 잘 모르는 인천의 강점에 대해 직접 들어보았다.

"인천이 가진 장점 중 하나는 글로벌 의약 기업 및 연구소 등이 자리 잡고 있어 세계 최고 수준의 바이오 시밀러 제조 허브로서의 입지를 보유하고 있다는 것이다. 의약품이 인천 전체 수출에서 차지하는 비중이 2014년 1.1%에서 2020년 9.2%로 증가하여 지역 경제의 새로운 수출 동력이 되고 있다. 정부는 11개 관계 부처 합동으로 우리나라의 우수한 바이오 의약품 생산 역량과 숙련된 인적자원을 바탕으로 글로벌 백신 허브로 도약하기 위해, 2021년 하반기부터 2026년까지 총 2.2조 원을 투자할 계획이라고 발표했다. 그리고 바로 이러한 정책 방향에 걸맞은 모습을 갖춰가고 있는 지역이 바로 인천이다. 현재 '바이오공정 인력양성센터 구축사업'이 순조롭게 진행되고 있으며, 추가로 지난 9월부터 백신 공정 전문 인력 120명 양성을 목표로 인재양성사업을 추진 중이다."

이런 다양한 장점이 있는 반면 극복해야 할 단점도 있다. 특히 인천의 산업단지는 시설의 노후화와 영세화로 저생산성 문제와 저부가가치화 문제를 겪고 있다. 4차 산업혁명, 세계 무역 질서 재편, 환경 규제 강화, 코로나19 확산 등 국내외 산업 환경도 급변하고 있다. 이에 대한 대응으로 산업단지를 혁신하고 제조업 저성장을 극복하기 위한 '디지털 전환'과 '친환경 경제'의 수요 증대로 친환경 스마트 제조 혁신도 필요한 상황이다.

인천의 이러한 장점을 살리고 단점을 극복하는 과정에서 스타트업과 관련한 일련의 사업은 매우 중요한 역할을 하고 있는데, 특히 일자리 창출 효과가 높아졌다.

"인천시는 다양한 요소들이 결합해 일자리를 창출하고 있다. 창업 교육, 스타트업, 원도심과 경제 자유 구역을 포함한 도시재생 그리고 디지털·바이오·그린 뉴딜의 스마트시티 요소들이 일자리 창출로 이어지고 있다. 여기에 산학연 협력과 대·중·소·벤처 기업 상생, 전통·첨단 산업 융합 등을 통해 시너지 효과를 창출하는 초연결 일자리 생태계를 조성하고 있다. 특히 인천시는 2021년 창업 생태계 조성 발전 전략 용역을 추진했으며, 창업 생태계 고도화를 통해 2025년까지 인천 내에 3개 유니콘 기업을 발굴하겠다는 목표를 가지고 있다."

유니콘 기업의 발굴까지 이뤄지려면 매우 건강한 창업 생태계가 만들어져야 함은 두말할 필요가 없다. 여기에 유니콘 기업 육성을 위한 고성장 지원 프로그램 도입 등 수요 기반 맞춤형 성장 지원도 함께할 것으로 보인다. 또 현재 소재·부품·장비 실증화 지원센터, 스마트제조 고급인력 양성사업, 제조분야 친환경 관리 인프라 구축, 지역선도산업단지 연계협력사업 등 무려 30개의 사업이 진행되고 있다.

젊은 청년이 많은 인천이 앞으로도 강점을 살리고, 스타트업을 더 활성화해 국내 최고의 창업 생태계를 갖출 수 있기를 기대한다.

과거로부터 배우기

_ 역대 대통령의 인식과 와이노믹스 전망

그 어떤 분야에서든지 지나온 길을 뒤돌아보면 현재 모습을 더욱 정확하게 살펴볼 수 있다. 과거보다 어느 정도 발전했는지, 어떤 경로를 거쳐왔기에 지금의 성과와 오류가 발생했는지도 알 수 있다. 우리나라 벤처와 스타트업은 대략 25년 정도의 역사가 있다. 그동안 5명의 대통령을 거쳤으며, 이제 여섯 번째 대통령이 그 역사를 이어받아 새로운 미래 정책을 추진할 예정이다. 그런 점에서 대통령 인식과 정부 정책을 중심으로 과거 역사를 되짚어보는 것은 벤처와 스타트업이 가야 할 방향을 가늠하는 데 도움이 되리라 본다. 더 나아가 20대 대통령이 후보로서 발표한 스타트업 관련 공약은 문제의 대안을 마련하는 기준점이므로 면밀한 검토가 필요하다.

김대중, 폭발적 지원 있었지만 버블로 엄청난 피해와 부작용

우리나라에서 본격적으로 '벤처'라는 이름이 등장한 것은 15대 김대중 대통령(1998~2003) 때였다. 당시 벤처기업의 '씨앗'이 뿌려지면서 오늘날 스타트업의 배경이 만들어졌다. 일명 '벤처 붐'이 일어났고 이와 동시에 '묻지마 투자'도 급격하게 증가했던 시절이다. 달랑 A4 용지 3~4장으로 20억 원이 넘는 투자를 받은 기업이 있을 정도였다. 이런 초창기 벤처 붐에는 IMF라는 시대의 그림자가 짙게 드리워져 있었다. 김대중 대통령이 정권을 잡기 직전인 1997년 말에 터진 IMF로 당시 대기업들이 줄줄이 도산하자 그 대기업의 하청을 받던 중소기업 역시 연이어 도산하는 사태가 벌어졌다. 따라서 1998년에 취임한 김대중 대통령에게는 경제를 살리기 위한 '특별 조치'가 절실하게 필요한 시점이었고 그 과정에서 '벤처 활성화'가 등장하게 되었다. 당시 9,000억 원의 벤처 지원 자금이 마련되었고, 그 결과 2001년까지 매달 500개의 벤처기업이 탄생했다. 또 ADSL이라는 초고속 인터넷의 등장으로 온라인을 기반으로 하는 벤처기업들은 더 큰 동력을 확보할 수가 있었다. 지금의 '네이버 제국'이 탄생한 시기도 1999년이다.[10] 하지만 버블이 꺼지면서 수많은 창업자가 사기꾼이 되는 일이 비일비재했고 창업 열기는 그렇게 사라지는 듯했다. 심지어 '벤처는 어드벤처'라는 우스갯소리가 나돌 정도였다.

노무현, 벤처에 대한 싸늘한 시선 하지만 결국 벤처 부흥에 나서

16대 노무현 대통령(2003~2008)의 집권 초기에는 벤처기업에 큰 관심을 두지 않았을 뿐만 아니라 오히려 터부시하는 경향마저 있었다. 벤처 버블에 의한 부작용이 너무도 컸기 때문이다. 그 결과 과거 '벤처'에 드리워진 나쁜 이미지 때문에 '혁신형 중소기업'이라는 말을 사용했다. 당시 전문가들은 정부가 벤처기업에 대한 정책 의지가 없어서 벤처 생태계는 최악의 상황으로 치닫고 있다고 말할 정도였다. 하지만 언제까지나 벤처를 터부시하기는 힘들었다. 벤처기업인들이 대통령과 정부 부처 관계자들을 적극적으로 설득했다. 결국 2004년 당시 이헌재 부총리가 "벤처 시장을 다시 일으키려니 장맛비에 다 젖은 나무에 불을 붙이는 느낌이다. 불쏘시개만으로 안 되고 석유를 뿌리든지 특단의 조치가 필요하다"라며 벤처기업 부흥의 신호탄을 쏘아 올렸다. 이후 벤처기업인과 정부는 다양한 정책과 행사들을 쏟아내면서 다시 벤처기업 활성화에 나서기 시작했다. 그런데 이 시기에 매우 중요한 발전이 하나 있었다. '패자부활전'을 언급하면서 '실패를 바라보는 사회적 인식이 바뀌어야 한다'는 주장이 제기되었다. 이후 벤처기업은 실패를 경험할 수 있는 또 하나의 국면으로 바라보고 '자산'으로 받아들이기 시작했다. 이러한 인식의 변화는 시간이 흐르면서 한국 벤처기업사에 큰 성과로 나타났다.[11]

이명박, 기업가정신의 등장과 점점 중요해진 창업 정책

17대 이명박 대통령(2008~2013)이 기업가 출신이었던 까닭에 창업 정책이 훨씬 활성화되기 시작했다. 특히 '기업가정신'에 대한 적지 않은 담론이 형성된 게 특징이다. 창업 절차가 간소화되었고 창업 문화 자체를 확산시키기 위한 노력이 시도되었다. 구체적으로 '청년기업가정신센터'가 설립되어 이를 뒷받침했다. 이외도 1인 창조기업 육성·재택창업 및 종합지원시스템 구축·해외진출·각종 행사 및 네트워크 지원 사업을 신설했다.[12] 창업 정책에서 가장 눈에 띄는 부분은 바로 김대중 대통령 때 시범 운영했던 테크노파크를 전국 단위로 확산시켰다는 점이다. 이로써 기존의 6개 테크노파크가 전국 17개 시도 19개로 확산되었다. 테크노파크는 지역의 기술 창업을 촉진하고 기업 성장 단계별 맞춤형 지원을 통해 스타트업이 스케일업을 거쳐 유니콘 기업으로 성장할 수 있게 도움을 주었다. 테크노파크는 또한 생계형 창업이 아닌 성장 가능성이 큰 기술 기반 창업을 촉진하기 위해 대학과 정부출연연구기관 등 공공의 우수 기술 활용을 유도했다. 창업 기업의 성공적인 안착을 위해서도 노력했다. 기본 입주 공간과 멘토링 제공, 자금 및 투자 유치 지원 등 다양한 기업 육성 프로그램을 마련했다.

박근혜, 창조경제혁신센터의 성과와 본격적인 생태계의 조성

18대 박근혜 대통령(2013~2017)이 만들어낸 가장 큰 성과는 전국 17개 시도에 대기업과 연계한 '창조경제혁신센터'를 설립한 것이었다. 당시 '창조경제'라는 구호가 모호하고 명확하지 않다는 비판이 있었음에도 성과가 적지 않았다. 센터에서는 창업 아이디어의 사업화와 판매, 유통, 해외 진출까지 원스톱 서비스를 제공했다. 그 결과 2003년 8,000개에 불과했던 벤처기업이 3만 3,000개까지 늘어났다. 특히 박근혜 정부는 '관 주도의 벤처 자금 시장'을 본격적으로 개척한 것으로 평가받고 있다. 박근혜 대통령은 '창업-성장과 회수-재도전'에 따라 선순환하는 벤처 생태계를 통해 일자리를 창출하겠다는 기조를 가지고 있었다. 이를 위해 400억 원의 '청년 창업펀드'를 조성하기도 했는데, 이는 단순한 자금 지원의 차원을 넘어서 전체 생태계를 염두에 두었다는 점에서 적지 않은 의미가 있다.

문재인, 제2의 벤처 붐 천명 글로벌 벤처 강국으로의 도약

19대 문재인 대통령(2017~2022)은 취임 초기부터 '김대중 정부에 이은 제2의 벤처 붐'을 천명했다. 문재인 대통령은 '추격형 경제'에서 '선도형 경제'로 정책을 바꾸었고, 이러한 새로운 도전의 가장 선두에 벤처와 스타트업 기업인이 있음을 강조했다. 특히 문재인 정부는 '벤처 1세대'라고 불리는 투자사 대표부터 오늘날의 스타트업 기업인을 한데 묶어 다양한 행사를 개최하여 이제까지 만들어진 성과를 더욱 공고히 하려 했다.

그 결과 성과도 과거보다 훨씬 더 좋아졌다. 박근혜 정부 말인 2017년에 3개에 불과하던 유니콘 기업이 18개로 늘어났고, 예비 유니콘 기업도 350개를 넘어섰다. 코스피 시가총액 상위 20위권, 코스닥 시가총액 상위 20개 기업에 다수의 벤처와 스타트업 기업이 포함되기도 했다. 특히 문재인 정부에 들어서는 '기술 창업'에 더욱 심혈을 기울였다.[13] 기술 중심의 기업이 결국 글로벌 확장력과 지속 가능성을 가질 수 있기 때문이다. 인수합병을 과거보다 활성화하려 한 점도 특징적이다. 이 외에도 막대한 자금을 스타트업에 쏟아부은 것도 역대 정부와는 크게 차별화된 지점이었다. 하지만 오히려 막대한 자금이 야생성을 잃게 하고 시장을 교란했으며 민간이 아닌 정부 주도가 문제를 일으키고 있는 것도 분명한 부작용이다. 공과 과를 분명히 남긴 문재인 정부의 창업 성적표다.

또한 액셀러레이터와 벤처캐피털이 빠른 속도로 증가하여 액셀러레이터는 2022년 3월 기준 370여 개에 이르며 액셀러레이팅과 시드 투자를 하고 있다. 하지만 아쉽게도 370개 중 5% 정도만이 액셀러레이터 역할을 제대로 수행하고 있다고 해도 과언이 아닐 정도로 자체 경쟁력이나 투자를 통해 엑시트exit(투자금 회수)하기보다는 정부 과제로 생계를 해결하는 무늬만 액셀러레이터가 즐비하다. 실제 우리나라에서 순수 민간 시드 투자 모집 경쟁률이 50:1이 넘는 경쟁력 있는 액셀러레이터는 약 10군데(프라이머, 매쉬업엔젤스, 퓨처플레이, 넥스트챌린지, 더 인벤션 랩 외 대기업, 공공 액셀러레이터 제외) 내외다. 시장에 자금이 넘쳐나면서 시드 투자는 스타트업들에게 1억 원 이하의 자금보다 파트너십(사업 성장을 위한 동반자 개념)을 통해 SI(전략적 투자자)로 참여하는 경우가 많아지고 있다.

윤석열, 혁신이 미래 동력
민간 주도, 규제 확실히 다 풀어서
기업하기 좋은 환경 만들어야

윤석열 대통령은 '혁신'이 우리 사회의 성장 동력임을 명백하게 인식하고 있으며 기업들의 역동적 활동이 우리나라의 미래 발전을 담보할 것이라고 말했다. 이를 위해서 특히 주 52시간제, 중대재해기업처벌법, 근로자이사제, 최저임금 등 기업이 일할 수 있는 환경을 만들기 위해 대폭적인 규제 완화가 있을 것으로 예상한다. 특히 각종 규제 문제를 공무원에게 맡기지 않고 빅데이터와 AI를 동원한 디지털 방식으로 규제를 풀어야 한다고 말했다.

새 정부의 대선 공약은 중견기업, 중소기업 및 벤처기업에 대한 적극적인 지원과 기존 주주들의 권익 보호로 요약할 수 있다. 새 정부는 전체 경제성장과 민생 안정을 위해 중견기업, 중소기업 및 벤처기업이 활성화되어야 한다고 보고 그와 관련한 세제와 금융 지원, 인프라 구축을 계획하고 있는 것으로 보인다. 또한 이런 맥락에서 벤처기업의 창업자나 기존 주주를 보호하기 위한 복수의결권 제도 도입도 고려하고 있는 것으로 알려졌다.

먼저 중소기업과 벤처기업에 대한 지원 강화부터 자세히 살펴보자. 새 정부는 중소기업과 벤처기업에 대한 지원을 강화하기 위해 중소기업기본법, 벤처기업육성에 관한 특별조치법 등과 같은 기존 법령을 개정하거나 특별법을 제정할 것으로 보여 그 경과를 주목할 필요가 있다. 예를 들어 현재 중소기업기본법상 중소기업이 아니게 된 경우에도 3년의 유예기간을 두어 중소기업으로 보고 있는데, 이에 대해서는 중소기업 아닌 기업과 합병하거나 상호출자제한기업집단에 속하게 된 경우 등의 예외가 있다. 중소기업이나 벤처기업에서 중견기업으로 성장 시 이러한 3년 유예기간을 확대 적용하겠다고 하는데, 구체적으로 어느 범위까지 확대 적용할지 지켜봐야 한다.

중소기업과 벤처기업에 대한 지원이 강화된다면 인수합병 거래도 활발해질 것으로 기대된다. 최근 몇몇 기업집단에서 시도

하고 있는 기업형 벤처캐피털Corporate Venture Capital이 활용될 가능성도 있다. 다만 현재 중소기업이나 벤처기업에 대한 투자는 주로 신기술조합과 같은 펀드를 통해 이루어지고 있고, 금융 당국은 그동안 별다른 규제가 없었던 신기술조합에도 규제를 신설하려고 하는 등 전반적으로 펀드에 대한 규제와 관리, 감독을 강화하고 있다. 이와 같은 최근 상황에서 구체적으로 어떠한 내용으로 중견기업의 도약을 지원하기 위한 펀드를 설치하고 중소기업이나 벤처기업에 대한 금융 지원을 강화할지는 지켜봐야 한다.

기업 관련법을 정비하는 것과 관련해서는 그동안 논의되어온 제도를 도입하는 공약으로 이해할 수 있다. '특수관계인'은 상법, 자본시장과 금융 투자업에 관한 법률, 법인세법 등에 사용되고 있는 개념이다. 각 법령에 따라 의결권이 제한되거나 공시 의무가 부과되는 등 '특수관계인' 개념이 적용되고 있어 이를 좀 더 경제적 실질에 맞게 변경한다면 기업으로서는 환영할 일이라고 본다. '복수의결권' 제도는 기존의 포이즌 필poison pill과 같은 경영권 방어 수단으로 논의되었고, 최근 쿠팡이 미국 뉴욕증권거래소에 상장하면서 주목을 받았다. 이러한 복수의결권 제도는 1주 1의결권이 아니라 1주당 수 개 또는 수십 개의 의결권을 행사할 수 있게 하는 것이다. 창업자에게 이러한 복수의결권을 부여함으로써 지속적인 투자 유치 속에도 경영권을 유지할 수 있게 하는 제도다. 우리 상법은 주주평등의 원칙을 채택하고 있는데, 과연 이러한 복수의결권 제도가 도입될지 귀추가 주목된다.[14]

Chapter 3

글로벌 7개국의 스타트업 육성 총력전

_ 도약을 위한 보이지 않는 전쟁

과거 제국주의 시대에는 전쟁이 한 국가의 부(富)를 창출하는 중요한 수단이었다. 승자는 지배 영토를 넓혀 산업을 발전시키며 수출을 극적으로 늘릴 수 있었다. 하지만 전쟁이 사라진 지금의 시대에는 혁신 기술과 아이디어로 무장한 기업의 성장이 국가의 부를 늘리고 있다. 이제 스타트업은 국가를 발전시키는 원동력이 된 것이다. 한 국가의 스타트업 정책은 그 나라가 처한 열악한 상황을 타개하기 위해서 추진되는 경우가 많았다. 예를 들어 도시 과밀화를 해소하고, 전통 산업을 혁신하고, 후진국에서 벗어나기 위해 강력하게 추진되어왔다. 각 국가는 전쟁이 사라진 시대에 또 하나의 디지털 전쟁을 수행해나가고 있다고 봐도 무방할 것이다. 미국과 유럽 그리고 동남아시아 등 총 7개 국가의 스타트업 육성 총력전을 살펴보면서 우리나라와 비교해보는 일은 미래 스타트업 육성을 위한 좋은 계기가 될 것이다.

인도네시아

_ 데카콘까지 탄생시킨 동남아시아 1위, 세계 5위의 비결

인도네시아는 여전히 '개발도상국'으로 불리고 있다. 빈부 격차도 심하고 인적자원도 부족한 수준이며 구매력도 낮다. 여기에 행정 역시 일관성이 부족한 것이 현실이다. 그런데도 '디지털 강국'을 향한 의지가 매우 강력하다. 2021년 10월 인도네시아 대통령궁은 2030년까지 세계 7위의 경제 대국이 될 것이라고 밝혔다. 이러한 미래 전망을 가능케 하는 것은 바로 2억 7,000만 명에 달하는 인구다. 덕분에 각종 디지털 지수가 동남아시아에서 1위다. 인도네시아 스타트업 수는 현재 2,200여 개로 미국, 인도, 영국, 캐나다에 이어 세계 5위다. 게다가 동남아시아 국가에 투자되는 투자금의 상당수를 흡수하고 있다. 막강한 투자금과 많은 수의 스타트업 그리고 정부의 강력한 의지, 바로 이 삼박자가 향후 인도네시아의 빠른 성장을 기대하게 한다.

동남아시아 투자금의 74% 몰려

결핍감이 한 사람의 발전 욕구와 도전 의지를 만들어내듯, 한 국가의 척박한 현실은 오히려 새로운 경제적 기회를 만들어내기도 한다. 인도네시아가 바로 그런 경우다. 기존의 전통 산업이 고도로 발전하지 못한 탓에 오히려 새로운 스타트업이 기회를 만들어내고 있다. 예를 들어 인도네시아 국민의 75%는 제도권 금융 서비스를 이용하지 못하고 있다. 그만큼 금융 인프라도 약하고 국민의식도 뒤처져 있다는 뜻이다. 하지만 바로 이 열악함 때문에 현재 핀테크 기업들이 대거 쏟아져 나오고 있다. 2016년 24개였던 핀테크 기업은 2020년 기준 369개로 늘어났다. 그들이 가진 비즈니스 모델만 해도 무려 20여 개다.

코로나19도 오히려 인도네시아에서는 새로운 기회가 되었다. 전자 상거래와 음식 배달, 온라인 미디어, 금융 서비스, 에듀테크가 가파른 성장률을 보이며 전년 대비 54%로 증가했다. 디지털 분야에서의 성장률 역시 동남아시아 1위를 기록했다. 게다가 인도네시아에는 우리나라에는 없는 기업 가치 100억 달러 이상의 데카콘 기업 '고젝Gojek'이 있다. 오토바이 호출 서비스를 제공하는 고젝은 인도네시아 첫 번째 유니콘이자 첫 번째 데카콘 기

오토바이 호출 서비스를 제공하는 고젝은 유니콘을 넘어 데카콘 기업으로 성장했다. (출처: 고젝)

업이 되었다. 이 외에도 인도네시아에는 유니콘 기업이 4개 더 있다. 전자 상거래 플랫폼 토코피디아Tokopedia와 부칼라팍Bukalapak, 여행 플랫폼 트레블로카Traveloka, 디지털 금융 서비스 플랫폼 오보ovo다.

스타트업 성장세에 힘입어 인도네시아 스타트업들에게 막대한 투자금이 몰렸다. 2020년 상반기 동남아시아 스타트업에 투자된 자본의 74%가 인도네시아에 집중되었다. 이는 그만큼 전 세계 투자자들이 인도네시아의 스타트업을 긍정적으로 평가한다는 의미다. 여기에는 빠르게 진행되고 있는 디지털화가 한몫했다. 특히 스타트업들에게는 얼마나 많은 사람이 인터넷을 사용하느냐가 중요한 문제다. 인도네시아에서는 2020년 한 해에

만 신규 인터넷 사용자 수가 약 2,500만 명 유입되었다.[15]

다만 인도네시아 발전의 면면에는 여전히 '개발도상국다움'이 배어 있다. 해외에서 유학한 부유층이나 현지에서 완전히 자리 잡은 화교 등이 자신들만의 인적 네트워크를 활용해 더 손쉽게 투자를 받기 때문이다. 더불어 기술적 우위보다는 막대한 물량 공세와 시장 선점을 통해 유망한 기업이 만들어지기도 한다. 이런 상황에서는 오히려 참신한 아이디어를 가진 외국 스타트업이 고전하는 양상을 보인다.

정부 주도가 아닌 민간 주도의 생태계

인도네시아 정부가 처음 시작한 스타트업 정책은 2016년 '국가적 부흥 운동Gerakan Nasional 1,000 Start-Up'이었다. 2020년까지 민간과 협력해 1,000개의 스타트업을 양성하겠다는 목표를 제시했다. 2020년에는 '사우전드thousand 스타트업 1,000'이라는 새로운 목표를 세웠다. 다시 2024년까지 지속 성장이 가능한 스타트업 1,000개를 만들겠다는 것이다.

스타트업을 지원하는 정부 유관 기관의 중심에는 정보통신부가 있다. 인도네시아 정보통신부는 각종 인프라 정책을 수립하고 정보의 표준과 기준을 정한다. 현재 15개 대도시에서 인큐베이팅 프로그램을 진행하고 있다. 창조경제원은 액셀러레이팅 관련 프로그램을 진행하는데, 현재 10여 개 대도시에서 워크숍을 진행하고 있다. 이러한 정부 지원과 함께 주요 콘퍼런스가 활발하게 진행되고 있다. 테크인아시아, 넥스트아이콘, 딜스트리트 아시아 PE-VC 등을 개최하여 투자자와의 미팅, 피칭 대회, 전시회 등으로 새로운 활력을 불어넣고 있다.

대학들도 스타트업 생태계를 더욱 활성화하기 위해 노력하고 있다. 명문 사립 비누스대학교는 액셀러레이팅 프로그램과 함께 창업 공간을 제공하는가 하면 창업 자금을 직접 지원하기도 한다. 역시 명문 사립으로 꼽히는 가자마다대학교도 '혁신 아카데미 UGM' 프로그램을 진행하고 있으며 구글 개발자들과의 정기 콘퍼런스도 개최하고 있다. 명문 국립 반둥공과대학교 경영대는 스타트업의 산실로 손꼽힌다. 12주간 '위대한 허브'라는 액셀러레이터 프로그램을 진행하고 있다.[16]

인도네시아 창업 생태계의 특징 중 하나는 민간의 영역과 정부의 영역이 분리되어 있다는 점이다. 정부는 생태계 형성은 민간에 맡기고 규제 해제와 인프라 지원에 초점을 맞춘다. 따라서 여타 다른 선진국들의 스타트업 정책과는 약간의 차이가 있다. 인도네시아에는 스타트업과 직접 관련이 있는 법이나 규정이 거의 없는 상태다. 다만 기업의 설립·투자에 관한 법률, 외국인 고용, 전자 상거래나 핀테크 관련 법률 등이 외곽에서 스타트업 생태계를 보호하고 보완해주는 역할을 한다.

인도네시아가 '스타트업 강국'으로 도약하는 일은 사실상 '예정'되어 있다고 봐도 무방하다. 이미 형성된 스타트업 생태계도 계속해서 발전해나갈 것이다. 특히 전체 인구의 평균 연령이 29세로 매우 젊은 게 강점으로 꼽힌다. 인도네시아 유니콘 기업 5곳 중 4곳의 창업자가 모두 1980년대 생으로 20대에 사업에 뛰어들었을 정도다. 당시 인도네시아에서의 스타트업 열풍이 초기 단계였다는 점을 생각한다면 향후 이어질 약진을 충분히 예상해볼 수 있다. 게다가 해외로 진출했던 젊은 세대가 자국으로 돌아와 창업하려는 의지도 매우 강하다. 고젝을 창업한 나딤 마카림 역시 미국 하버드대학교를 졸업했다. 이러한 롤 모델을 본 인도네시아 청년들은 새로운 미래를 꿈꾸며 스타트업으로 진출할 가능성이 크다. 여기에 세계 10위권의 구매력을 가진 국민은 앞으로 10년간 스타트업이 만들어놓은 경제 구조 안에서 큰 동력이 될 것으로 보인다. 마지막으로 인도네시아는 여전히 개발도상국이라는 점에서 해결해야 할 문제가 산적해 있는데, 바로 이점을 노리는 스타트업이 더 많아질 것이다.

싱가포르

_ 국가 전체를 혁신하고자 했던 정부의 압도적 능력

'싱가포르는 국가 자체가 스타트업이다.' 스타트업에 대한 싱가포르의 상황을 가장 단적으로 나타내주는 말이다. 현재 싱가포르 경제는 스타트업 1만여 개와 관련 회사 300개가 역동적으로 이끌어가고 있다. 지금까지 총 8개 유니콘 기업이 탄생했다. 기술 기반 스타트업들은 2021년 상반기에만 53억 싱가포르 달러의 투자금을 유치했다. 이는 지난해보다 34억 싱가포르 달러가 증가한 금액이다. 이러한 성과의 출발점은 인구 과밀화 해결과 새로운 경제 기회 창출을 위한 문제의식을 가진 데 있었다. 싱가포르의 전체 국토는 서울보다 조금 더 크지만, 총 590만 명이 살아가다 보니 인구 과밀화로 각종 문제가 발생했다. 이러한 문제를 해결하기 위해서 싱가포르 정부는 2014년 국가 전체를 스마

싱가포르는 국가 자체가 스타트업이다. (출처: Timcole)

트시티로 만들겠다는 '스마트 네이션Smart Nation'을 선포하고 혁신 기술을 보유한 스타트업을 적극적으로 지원하기 시작했다.

금융과 MICE에 스타트업 장착

싱가포르는 일찌감치 디지털화를 추진해온 국가 중 하나다. 2005년 '인텔리젠트 네이션Intelligent Nation'이라는 목표하에 정보통신기술ICT 개발 10년 계획인 'iN2015'를 발표했다. 그리고 10년 후 스마트 네이션이 선포된 것이다. 주요 기술 트렌드로 빅데이터, IoT, 인지 컴퓨팅, 사이버 보안, 실감 미디어 등을 손꼽으면서 이러한 기술들이 당시 싱가포르가 직면한 생산성 정체나 일자리 부족을 해결해줄 것으로 기대했다. 당시 리센룽 총리는 이런 말로 자신의 정책에 대한 지지를 호소했다.

“주룽호수공원 소풍 길에 오른 뒤에도 깜빡 잊고 켜둔 집 안 에어컨을 끌 수 있다. 자율 주행 택시와 버스로 주차 고민도 필요 없게 된다.”

이후 전자 정부를 적극적으로 추진하면서 총리실 산하에 ‘스마트 네이션 오피스’를 두고 각 부처를 관리하여 국가 역량을 하나로 결집했다. 대학, 기업, 연구 기관들도 협업을 통해 기술 발전에 총력을 다했다. 우선 국민이 체감할 수 있는 건강, 주거, 교통, 에너지 분야에서부터 서서히 변화가 시작되었다. 여기에 디지털 트윈, AI, 빅데이터, IoT를 결합하면서 한층 진화되었다. 이와 함께 전 국가의 혁신 기술 테스트 베드 기지화 전략을 추구했다. 국가 전역에 총 13개의 테스트 베드를 만들고 센서 네트워크와 데이터 플랫폼을 공유했다. 새로운 기술을 개발한 기업들은 바로 이곳에서 결과물을 시험해보고 수정 방향을 잡을 수 있다.

이와 동시에 2017년부터는 ‘스타트업 SG’라는 창업 육성 프로그램도 적극적으로 시행했다. 아무런 기반도 없이 아이디어만 있는 창업자들에게도 멘토링을 제공하고 대출, 펀딩, 컨설팅을 해주는 원스톱 서비스가 시작되었다. 또 스타트업 생태계 강화를 위해 블록71, 크리에이트, JTC 런치패드 등 다양한 스타트업 단지를 세워 창업을 독려했다.

싱가포르는 국내에서 신생 기업을 창업하고 이를 운영하기 위해 해외로 이주하려는 외국 기업에 엔트리패스 비자를 발급해준다. (출처: Timcole)

스타트업 SG는 기업 종류와 자격 요건에 따라 다양한 지원을 하고 있다. 예를 들어 '파운더' 단계는 첫 창업 기업으로 싱가포르인이나 영주권자가 최소 30%의 회사 지분을 소유해야 하고 현지인이 지분의 51% 이상을 보유해야 한다. 이러한 조건이 맞게 되면 신생 기업 투자금 1싱가포르 달러당 3싱가포르 달러를 정부에서 지원한다. 그리고 여기에 학습 프로그램, 멘토링, 네트워킹을 지원한다. 이 외에도 '테크', '에쿼티', '론' 등의 조건별 지원 제도가 있으며, 펀드매니저나 엔젤투자자 등에게 세금 감면 혜택도 준다. 더 나아가 정부가 추진하는 역점 분야의 사업이라면 막대한 자금을 지원한다. 실제로 핀테크 사업을 하게 되면 최대 32억 원이 넘는 돈을 지원받을 수 있다. 정부 지원금으로서는 우리나라와는 비교하기 힘들 정도다.

싱가포르는 해외 기업 유치를 목적으로 '엔트리패스Entrepass'라는 비자를 발급해준다. 엔트리패스는 싱가포르에서 신생 기업을 창업하고 이를 운영하기 위해 해외로 이주하고자 하는 외국 기업에 발급해주는 비자이다. 유효기간은 2년이며 갱신이 가능하다. 이러한 다양한 노력의 결과로 싱가포르 스타트업 생태계의 가치는 독보적이라고 평가받고 있다. 전 세계 스타트업 생태계 가치는 평균 약 50억 달러지만, 싱가포르는 무려 250억 달러다. 특히 연결성, 인재, 수행 능력 등에서 매우 우수한 평가를 받고 있다.

유연한 창업 자금 활용

싱가포르 정부는 국가를 혁신하고 스타트업을 독려하는 과정에서 매우 친기업적인 환경을 만들었다. 가장 단적인 예로 법인 설립 절차가 매우 간단하다. 주주, 관리자, 비서 각 1명씩만 있으면 되고, 최소 자본금은 1싱가포르 달러(한화 890원)에 불과하다. 더군다나 외국인이 주식을 100% 소유할 수 있다. 또 전 세계에서 가장 먼저 규제 샌드박스를 도입했으며 최근에는 이를 좀 더 효율적으로 하기 위해 '샌드박스 익스프레스' 제도까지 마련했다. 여기서 주목해야 할 점은 한번 시작된 정책은 꾸준히 유지된다는 것이다. 그 결과 싱가포르는 '기업하기 좋은 환경'으로 세계 2위에 올랐다. 이러한 환경은 코로나19 사태에서도 빛났다. 2020년 6월 '스타트업 특수상황자금'을 신설해 팬데믹으로 어려움을 겪고 있는 기업을 지원했다.[17]

싱가포르는 창업 제도 자체가 매우 유연하다. 2017년 한 한국인 팀이 창업 대회에서 수상한 후 싱가포르국립대학교로부터 자금을 지원받았다. 초기에 어느 정도 성과를 냈으나 법적인 문제로 더는 수익 활동을 할 수 없어 사업을 접게 되었다. 그때 싱가포르국립대학교로부터 "남은 지원금으로 다른 사업 아이템을 찾아보라"라는 권유를 받았다. 그 후 한국인 팀은 처음과는 전혀 다른 새로운 사업을 시작할 수 있었다.[18] 이렇듯 싱가포르 창업 관계자들은 창업 의지만 있다면 얼마든지 유연하게 지원해준다.

싱가포르 정부는 대학생 창업도 매우 독려하고 있다. 창업하면 사무실도 무료에 가깝고 마케팅에도 개인 돈이 거의 들이지 않는다. 2021년 6월 싱가포르 기업청에서는 창업자 680명을 훈련하는 창업 프로그램을 본격적으로 가동했으며 이 중 20%는 대학생이라 발표했다. 한국은 이제 막 대학생 창업 열기가 뜨거워지고 있지만, 싱가포르는 대학생 창업이 이뤄질 수 있게 본격적으로 지원하고 있다.

막대한 투자와 정부의 과감한 지원, 장기적 전망, 친기업적 환경은 싱가포르에 새로운 성장의 기회를 부여했다. 이는 좁은 국토와 적은 인구를 가진 나라가 어떻게 스타트업을 통해 국가 발전을 꾀할 수 있는지를 잘 보여준다.

베트남

_ 'G7 국가'를 겨냥한
원대한 테크 기업의 꿈

베트남 경제는 대외 의존도가 높고 국영기업들이 주요 산업을 독점해 지배하고 있다. 따라서 베트남 정부는 이러한 문제를 해결하기 위해서라도 스타트업 육성을 해야만 하는 처지다. 베트남 정부는 2016년부터 본격적인 지원 정책을 펼치기 시작했고 2018년부터 투자가 활성화되었다. 다만 아직은 스타트업 생태계가 명확하게 모습을 드러내지 못하고 있다. 게다가 정부의 규제 개혁이 비교적 느린 편이다. 그러므로 선진화된 생태계를 갖추었다고 보기는 힘들다. 하지만 기존에 미국과 중국에 치우쳤던 투자자들이 동남아 시장에 눈독을 들이면서 많은 투자가 이뤄지고 있다. 여기에 1억 명에 육박하는 두터운 젊은 층이 있는 만큼 향후 스타트업이 꽤 활성화될 것으로 보인다.

몰리는 투자금, 창업 의지 높은 청년층

2020년 기준 베트남의 '글로벌 스타트업 생태계 순위'는 59위다. 이는 전년 대비 13계단 상승한 것으로 매우 빠른 속도를 보이고 있다. 다만 한국이 19위, 싱가포르가 16위라는 점에서 보면 여전히 스타트업의 활성화 정도가 매우 낮은 상황임을 알 수 있다. 하지만 전망은 꽤 밝은 편이다. 2016년부터 시작된 베트남 정부의 스타트업 지원 정책 '2025 베트남 혁신 스타트업 생태계 지원 제도Decision 844/QD-TTg'가 순조롭게 진행되고 있으며, 2030년까지 최소 10개 유니콘 기업 보유를 목표로 하고 있다.[19] 스타트업에 대한 지원 내용은 지식, 기술, 신경영 모델 개발을 기반으로 성장 가능성이 큰 스타트업의 창업과 발전을 지원하는 것이다. 그래서 2025년까지 ① 2,000개 혁신 스타트업 지원, ② 300개 스타트업 지원, ③ 100개 기업 벤처캐피털 투자 유치나 인수합병을 달성하는 것이 목표다. 이를 위해 베트남 정부는 국가 차원의 포털 사이트를 구축하고 이곳에 기술과 특허, 국가 표준, 인력 등의 정보를 제공하며 성장 잠재력이 높은 지역에 스타트업 지원 서비스센터를 설립하기 시작했다.

베트남 정부가 보여주는 또 다른 강한 의지는 기획투자부가 작성한 "4차 산업혁명 국가 전략"에서 나타난다. 여기에는 '테크 기업'이라는 단어가 등장하는데, 이 기업은 "4차 산업 또는 차세대 기술(5G, IoT, AI 등)을 이용해 G7 국가에 상품이나 서비스를 수출하는 기업"을 의미한다.[20] 즉 베트남 정부는 G7이라는 선진국을 분명하게 타기팅하고 있으며, 이는 곧 세계 최고 수준의 테크 기업을 지향한다는 의미다. 이러한 노력 덕분인지 베트남에서는 다른 동남아시아 국가들보다 유난히 기술 중심의 스타트업이 많이 생기고 있어 향후 기술 중심의 창업 국가로의 성장 가능성도 점쳐 볼 수 있다.

베트남은 여러모로 미래 성장에 긍정적인 요소를 가지고 있다. 먼저 정부가 과감한 디지털 전환을 추구하면서 4차 산업혁명에 적응하려는 모습을 적극적으로 보여주고 있다. 또 연평균 7%를 웃도는 높은 경제성장률도 미래 발전을 담보한다. 청년들의 창업 의지도 매우 강하다. 베트남 청년 3명 중 2명은 창업하겠다는 의지를 밝히고 있다. 무엇보다 인재들이 충분히 확보된 것으로 평가받고 있다. 현재 베트남에는 25만 명에 달하는 IT와 소프트웨어 관련 엔지니어들이 있으며 매년 10만 명이 넘는 공대 졸업생들이 배출되고 있다. 물론 인구 대비 대학 졸업자 수는 비교적 낮은 편이다. 2019년 기준 전체 인구 중 대학 졸업자 비율이 9.3%밖에 되지 않는다. 그러나 최소한 공대 분야에서만큼은 인력이 풍부해 향후 인력 수급에는 큰 문제가 없을 것으로 보인다.

베트남 정부는 기술 상업화 프로그램을 추진하기 위해 매년 국제 규모의 국가 '기술박람회'를 개최하고 있다. (출처: Techfest Vietnam 2021-National Innovative Entrepreneurship Day)

주요 정부 기관 및 프로그램

베트남 정부는 국제 규모의 국가 '기술박람회TechFest'를 개최해 기술 상업화 프로그램을 지속해서 추진했다. 세계 스타트업 네트워크 구축을 위한 자금과 스타트업의 활동을 방송하는 프로그램의 제작을 위한 자금을 지원하고 있다. 더 나아가 해외 파트너 및 투자자 소개, 시장조사 그리고 저금리나 무이자 대출 등을 지원하고 있다. 이 외에도 스타트업 생태계 구축을 위한 네트워킹을 장려하고 펀딩에 대한 교육과 함께 인큐베이터와 액셀러레이터의 발전을 도모한다. 학생과 여성을 위한 별도의 창업자 육성 프로그램도 존재한다.

베트남의 스타트업 정책은 과학기술부가 주도하고 있으며, 호찌민시 인민위원회와 하노이시 인민위원회가 중심에서 활동하고 있다. 이 외에도 기획투자부, 상공회의소가 결합하여 있다. 우선 과학기술부에서는 각종 교육 프로그램을 제공한다. 네트워크 활성화와 창업 생태계 개발 과정에 참여하여 정책을 주도한다. 각종 컨설팅을 통해서 문제 해결 방안을 제시하고 기술이전과 조직 역량 강화를 돕고 있으며 스타트업을 위한 콘퍼런스, 세미나 등도 개최하고 있다.

호찌민시 인민위원회에서는 1:1 멘토링 프로그램과 공동 사무실 공간을 제공하며 초기 스타트업에 저금리 대출을 지원한다. 하노이시 인민위원회에서는 스타트업과 혁신 기업, 투자자를 이어주는 온라인 플랫폼을 제공한다. 호찌민시에는 '서울창업허브'가 있다. 한국 서울산업진흥원과 호찌민시 과학기술부가 협력해서 베트남 현지에서 사업을 추진하는 한국 스타트업에 해외 법인 설립을 지원한다. 구체적으로 사무 공간을 제공하고 투자 유치와 현지 기업과의 네트워크 구축을 지원하고 있다.[21]

향후 베트남의 스타트업 생태계에는 지금보다 많은 투자금이 유치되면서 생태계 역시 폭발적으로 성장할 것으로 보인다. 베트남 스타트업의 2021년 투자 유치 총액은 전년보다 무려 400%가 증가한 13억 5,400만 달러에 달했다. 한편 투자자들의 성향이 다소 달라질 것이라는 분석이 제기되고 있다. 2022년 골든게이트벤처스가 발표한 〈동남아 스타트업 생태계 2.0 보고서〉에 따르면 베트남은 동남아시아의 중요 스타트업 기업들의 생태계로 급부상해 이미 그 입지를 굳혔다. 다만 코로나19를 거치면서 살아남은 기업이 수혜자가 될 수 있으며, 더 나아가 투자자들이 이제는 '좀 더 엄격한 선택'을 할 것으로 전망되고 있다. 한마디로 '돈이 되는 기업'에 투자가 몰릴 것이라는 전망이다. 붐에 휩쓸려 투자하는 시대가 가고 합리적이고 냉철한 평가로 투자하는 시대가 왔다는 의미기도 하다. 이는 베트남 생태계가 좀 더 안정적으로 자리매김할 계기가 될 것이다.

결론적으로 베트남 정부는 현재 스타트업에서 다음 세대의 활로를 찾고 있다. 바로 그 길만이 경제의 대외 의존도를 줄이고, 국영기업에 의한 독점적 지배에서보다 많은 일자리를 창출하며 경제에 활력을 불어넣을 방법이기 때문이다.

프랑스

_ 적재적시에 나타나 창업자를 지원하는 '매우 잘 보이는 손'

2017년 5월 39세 정치 신예 에마뉘엘 마크롱이 프랑스 대통령에 당선되자 세계의 이목이 쏠렸다. 선출직 경험이 전혀 없는 30대가 신당을 만들어 1년 남짓 만에 대통령까지 거머쥐었다. 5년이 지난 현재 20년 만에 재선에 성공한 대통령이 되었다.

2010년 무렵만 해도 프랑스는 '스타트업의 불모지'였다. 특히 1980~1990년대 전 세계에 불어닥친 광범위한 기술적 도약인 테크 붐에서 밀리면서 주변국과 비교하면 소외감을 느낄 정도였다. 유능한 창업자들까지 미국으로 빠져나가는 상황이 되자 문제의식을 느낀 프랑스 정부는 적극적으로 창업을 권유하기 시작했고 빠르게 제도가 정비되었다. 특히 프랑스는 수학과 과학, 공학에 대한 기초 기술들이 탄탄해 놀라운 성장세를 기록했

프랑스는 기초 수학 능력과 기술을 갖춘 인력들을 바탕으로 스타트업 시장에서 놀라운 성장세를 보이고 있다. (출처: 트레브의 방랑)

다. 2020년에만 4개 유니콘 기업이 탄생했고 매년 4,000개의 스타트업이 생겨나고 있다. 이러한 결과는 프랑스 언론이 이름 붙인 '매우 잘 보이는 손very visible hand'으로 대변되는 체계적인 정부의 지원이 있었기에 가능했다.

지원하지만 지배하지 않는다

프랑스의 전통적인 강점이 스타트업과 결합한 가장 대표적인 사례가 바로 AI 분야이다. 2015년부터 2018년까지 프랑스 스타트업들이 받은 AI 관련 특허는 세계에서 네 번째로 많다. 2016년 180개에 불과하던 AI 스타트업은 2019년 430여 개로 늘어났다. 다른 국가들에 비하면 비교적 스타트업 창업 열풍이 느렸던 프랑스에서 이뤄낸 놀라운 성과다. 하지만 이러한 변화의 중심에는 기초 수학에 강한 프랑스의 전통이 자리하고 있다. '수학계의 노벨상'이라고 불리는 '필즈상'을 가장 많이 받은 나라가 바로 미국과 프랑스다. AI는 수학적 알고리즘에 의해 설계되는 것으로 기초 수학이 가장 밑바탕이 된다. 그뿐만 아니라 프랑스는 군수산업에서도 매우 강한 면모를 보이는데, 이는 기술 인력이 유럽에서 독일에 이어 두 번째로 많기 때문이다. 이러한 기초 수학 능력과 기술을 갖춘 인력들이 스타트업에 뛰어들자 파급력이 만만치 않았다. 하지만 정부의 강력하고 집중적인 지원 없이 국민의 능력이 곧바로 창업 역량으로 이어지지는 않았을 것이다.

프랑스 창업 생태계의 발전에서는 눈에 띄는 3가지 큰 계기가 있었다. 첫 번째는 2008년 금융 위기 직후였다. 실업률이 급격하게 높아지자 프랑스 정부는 창업을 권하기 시작했다. 특히 실직자나 퇴직자, 학생들이 창업하면 복지를 지원하기 위해 내야 하는 사회보장분담금을 면제해주는 제도를 시행했다. 물론 정부가 당장 창업을 권한다고 해서 창업 열풍이 불지는 않았지만, 당시의 권유는 프랑스 국민에게 창업에 관한 새로운 인식을 심어준 계기가 된 것만큼은 분명했다.

두 번째는 2013년 올랑드 대통령이 발표한 '라 프렌치 테크 La French Tech'라는 스타트업 육성 정책이다. 창업을 통해 본격적인 국가 혁신에 나서야 한다는 인식 아래 마련한 지원책이었다. 여기에 매우 광범위한 공기업과 민간기업이 참여하면서 대규모

2017년 프랑스 대통령에 당선된 마크롱은 누구나 창업을 할 수 있는 스타트업 국가를 표방하며 이에 대해 진일보된 지원을 하고 있다. (출처: 에마뉘엘 마크롱 대통령 페이스북)

생태계가 마련되기 시작했다. 외무부, 금융부, 혁신청, 국부펀드, 프랑스 공공투자은행 등이 참여했다. 초기 혁신 스타트업에는 4만 5,000유로(한화 6,200만 원)를 지원하고 12개월 동안 인큐베이팅 공간 및 멘토링 지원과 세금 감면의 혜택을 주었다. 이 과정에서 프랑스 정부는 '지원하지만 지배하지 않는다'는 원칙 아래 오로지 스타트업이 번창할 수 있는 환경에만 초점을 맞추었다.[22]

마지막 세 번째 계기는 2017년 마크롱 대통령이 약속한 '창업의 나라' 정책이다. 마크롱 대통령은 '누구나 창업을 할 수 있는 스타트업 국가'를 표방하면서 과거보다 더 강하고 진일보된 지원을 하기 시작했다. 세계 최대 규모의 스타트업단지 '스테이션F'가 생겨난 것도 바로 이 시기였다. 현재 이곳에는 1,000여 개의 기업이 입주해 있으며 각종 행사와 프로그램이 진행되어

국제적 생태계가 되고 있다.

실제 프랑스는 코로나19 이후 경제 회복에서 두드러진 성과를 내고 있다. 이미 지난가을 GDP 성장률이 코로나19 이전 수준에 도달했다. 2020년 코로나19 충격으로 마이너스 8% 성장했지만 이를 완전히 회복한 모습이다. 〈파이낸셜타임스〉가 OECD 자료를 토대로 분석한 바에 따르면 2019년 4분기 GDP 성장률을 100으로 놓았을 때 2021년 말 프랑스의 GDP 성장률은 100.7을 기록해 독일(99.6), 이탈리아(99.5), 영국(99), 스페인(94.9)을 앞질렀다. 프랑스의 지난해 경제성장률 잠정치는 7%를 기록했다. 1969년 이후 가장 높은 수준이다. 실업률도 코로나19 이전 수준으로 돌아온 데 더해 10여 년 만에 최저 수준인 8%까지 내려왔다.[23]

창업해도 실업수당 받을 수 있어

2017년 프랑스는 노동법도 개정했는데, 기업이 직원의 해고와 감원을 더 자율적으로 할 수 있게 했다. 이는 노동자에게는 불만의 요소가 될 수 있지만 최대한 친기업적인 환경을 조성함으로써 창업 생태계를 활성화하려는 의지라 볼 수 있다. 이렇게 마크롱 대통령에 의해 추진된 창업 육성 정책은 꽤 성공한 것으로 평가받고 있다. 원래 2025년까지 25개 유니콘 기업을 만드는 게 목표였지만 2022년 1월에 이 목표를 달성했기 때문이다.

프랑스 정부의 창업 정책을 볼 때 이런 유니콘 기업도 중요하지만, 이른바 '마이크로 기업'의 증가세에도 주목해야 한다. '마이크로 기업'이란 직원 10인 이하, 연매출 17만 유로(한화 27억 원) 이하의 기업을 의미한다. 마이크로 기업을 창업하면 각종 세금 혜택이 주어지고 행정 절차도 간소하게 해준다. 그 결과 2019년 기준 마이크로 기업과 1인 기업의 증가율은 30%가 넘고, 프랑스 창업 기업 수는 현재 81만 5,000여 개 수준이다. 이는 전년 대비 18% 증가한 사상 최고의 기록이다.

프랑스 창업 정책의 특징 중 하나는 정권이 바뀌어도 그 기조가 바뀌지 않는다는 점이다. 프랑스 역시 좌파 정권과 우파 정권이 서로 번갈아 권력을 잡곤 한다. 하지만 이러한 변화에도 정치적 성향과는 무관하게 꾸준히 친기업적 정책을 펼쳐왔고 스타트업에도 일관된 자세로 지원해왔다.

프랑스 언론들은 정부의 스타트업 생태계 육성을 위한 노력을 '매우 잘 보이는 손'이라고 한다. 영국 경제학자 애덤 스미스가 말한 '보이지 않는 손'에 빗댄 말이다. 프랑스 정부는 국민이 필요할 때 곳곳에서 나타나 지원을 하고 문제를 해결해준다는 뜻이다. 이러한 능력은 팬데믹 시대에도 빛을 발했다. 학교와 도시가 봉쇄되자 채 24시간도 지나지 않아 정부 디지털 담당 국장과 공무원들은 페이스북에 이벤트를 열고 긴급 발표를 했다. 그 내용은 창업자들에게 지원을 약속하는 것이었고 며칠이 지나지

않아 유럽에서는 최초로 43억 유로의 지원책이 발표되었다.[24]

이 외에도 프랑스 정부의 세밀한 제도와 IT 교육기관도 살펴볼 필요가 있다. 실직자가 창업하면 실업수당을 받지 못하는 문제가 있다. 그래서 실직자는 차라리 창업을 포기하겠다는 마음을 가질 수 있다. 하지만 프랑스 정부는 실질적인 소득이 없을 때는 창업자라 하더라도 실업수당을 받을 수 있게 하고 있다. 이는 정책 현장을 세심하게 살핀 결과다.

한 국가의 창업과 기업의 발전에는 교육 인프라가 매우 중요하다. 그런 점에서 프랑스 교육기관에서 빼놓을 수 없는 곳이 바로 '에꼴42'다. 이 학교는 강사, 교재, 학비가 없는 비영리 IT 교육기관이다. 프랑스 통신 재벌이 세운 이 학교는 매년 1,000명의 학생을 선발하여 1개월간 집중 교육한 뒤 학생들끼리 알아서 각자의 프로젝트를 진행하게 한다. AI, 웹, 게임 등으로 전공도 알아서 정하고 해커톤도 자발적으로 연다. 특별한 졸업장이 있는 것도 아니다. 실력 자체만을 중시하는 프랑스 IT업계의 문화가 반영되었다고 볼 수도 있다. 현재 에꼴42는 전 세계 15개국에 21개 캠퍼스가 존재한다.

프랑스의 창업 생태계는 '정부란 무엇을 해야 하는가'를 잘 보여주는 사례다. 정권이 바뀌어도 변하지 않는 정책, 지원하지만 간섭하지 않는 태도 그리고 적시에 국민의 마음조차 살피는 세심한 제도가 하나가 되어 지금의 프랑스 창업 생태계를 만든 것이다.

영국

_ 쇠퇴하는 산업을 뒤바꾼 유럽 최고의 스타트업 생태계

현대 자본주의 체제와 제도는 대부분 영국에서 시작되었다. 영국은 산업의 중심이자 유럽 금융 중심지가 되었다. 또한 케임브리지대학교와 옥스퍼드대학교 등이 있는 세계적인 교육 국가이기도 하다. 중요한 점은 바로 이런 자산들이 모여 현재 영국의 스타트업 생태계를 만들어내고 있다는 것이다. 쇠퇴하는 제조 산업을 혁신하기 위한 한 방법으로 스타트업을 강력하게 키우고 있으며, 이것이 전체 영국의 생산성을 높이고 있다. 영국은 또 해외 스타트업까지 자국 내에 유치하고자 관련 활동을 활발히 전개해왔다. 그 결과 유럽 전체 유니콘 기업의 절반이 영국에서 탄생했거나 영국으로 이전해왔다. 따라서 유럽 창업 생태계에서는 영국이 단연 '독보적'이다.

2013년부터 확실한 효과 나타나기 시작

영국 스타트업을 말할 때 빼놓을 수 없는 곳이 바로 '테크시티'다. 주로 런던 동쪽 주변부에 해당하는 지역이다. 2008년 외환위기 직후만 해도 가난한 노동자들이 모이는 허름한 공장지대였으나 빠르게 슬럼화되면서 우범지대로 변했다. 그런데 창업자금이 부족한 창업자들이 임대료가 싼 이곳으로 하나둘 모이기 시작했다. 이를 유심히 살핀 데이비드 캐머런 총리는 2010년 이 지역을 IT의 중심지로 탈바꿈하겠다는 '테크시티 조성안'을 발표했다. 영국 최초의 스타트업 육성안이었다. 현재 테크시티는 구글, 아마존 등 1,300여 개 스타트업이 모인 영국 창업 생태계의 중심이 되었다.[25]

영국의 스타트업 정책은 초기부터 확실한 성과를 보였다. 2013년 당시 스타트업이 대거 등장하면서 전체 중소기업의 매출도 늘어나기 시작했다. 이는 5개 기업 중 1개 기업이 고성장하고 있다는 사실을 의미했다. 이에 힘입어 영국 정부는 테크시티 조성안에 이어 2017년 '테크 네이션Tech Nation' 정책을 발표하고 전국 창업 지원 프로그램을 진두지휘했다. 기업의 성장 단계와 업종, 규모에 따라 매우 다양한 프로그램을 제공하고 있다. 예를 들어 '창업자 네트워크 프로그램'은 초기 창업자들이 분야별 전문가와 만날 수 있게 한다. '스케일업 프로그램'은 시리즈A 펀딩을 받는 등 고성장 기업들을 대상으로 하며, 전문가 20명이 6개

초기부터 확실한 성과를 보인 영국 스타트업 정책은 2017년 테크 네이션 정책으로 이어져 정부의 지휘 아래 전국에서 창업 지원 프로그램이 운영되고 있다. (출처: 테크 네이션)

월 동안 60시간 무료 멘토링을 지원하고 네트워킹 기회를 제공한다.

영국 정부의 여러 지원책 중에서 우리가 주목할 부분은 바로 스케일업을 전담하는 육성 기관을 세계 최초로 설치했다는 점이다. 2014년에 설립된 '스케일업연구소'는 매출 규모와 성장률 구간, 종사자 수 구간 등을 세분화해서 모니터해 각종 컨설팅을 제공한다. 이곳에서는 또한 생태계 진단을 위한 조사 및 연구까지 함께하고 있다. 스케일업 면에서 영국은 세계 최고 수준의 노하우를 가지고 있다고 볼 수 있다.

글로벌 데이터 분석 기관에 의하면 2020년 영국 스타트업 생태계의 경제적 가치는 한화 653조 원 규모로 영국 GDP의 5분의 1에 해당한다. 독일의 326조, 프랑스의 165조 원과 비교하면 압도적 수준이다. 이러한 성과는 2010년경부터 시작된 국가적 차원의 적극적인 노력 덕분이다. 영국 창업 생태계 성장에는 런던이 유럽 금융의 중심지라는 점도 크게 작용했다. 은행과 글로벌 기업, 투자자, 벤처캐피털이 모여 있고 정보 공유가 활발하게 이뤄지니 투자를 받기에 적합한 환경이 조성될 수밖에 없었다.

성숙한 창업 생태계를 갖춘 나라

영국은 특히 핀테크와 AI 분야에서 매우 강한 면모를 보여주고 있다. 현재 영국의 핀테크 기업은 1,600여 개에 달하며 8만여 명을 직접 고용하고 있다. 핀테크 성숙도는 세계 3위 수준이며 관련 유니콘 기업만 8개를 보유하고 있다. AI 분야에서도 막강한 힘을 자랑한다. 전 세계적 관심을 불러일으킨 한국 이세돌 9단과 AI 알파고의 대국장에는 태극기와 함께 영국 국기가 걸렸다. 그 이유는 알파고를 탄생시키는 '딥마인드'가 바로 영국의 스타트업이기 때문이다. 이세돌과 알파고의 대국은 영국 AI 스타트업이 얼마나 고도화되었는지를 보여주는 상징적인 일이었다. 정부가 4대 도전 과제 중 하나로 선정해 AI 분야를 집중적으로 지원했다. 2019년 영국은 AI 준비도 지수에서 싱가포르에 이어 세계 2위를 차지했다.[26]

영국 스타트업 생태계에서 또 하나 주목해야 할 부분이 바로 엑시트다. 2010년부터 2017년까지 엑시트를 한 기업이 1,234개로 미국에 이어 세계 2위를 기록하고 있다. 엑시트를 통한 투자금 회수가 잘 이뤄지고 있다는 것은 곧 창업 생태계가 매우 건강하고 역동적으로 돌아가고 있다는 뜻이다.

영국 스타트업 생태계는 외국 인재와 기업을 유치하기 위한 제도들이 잘 갖추어져 있다. 우선 영국 국제통상부가 심혈을 기울인 대회가 바로 '테크로켓십 어워드'다. 이 대회는 전 세계 유망 기술 기업들을 영국에 유치한다는 목표를 가지고 있다. 호주와 인도에 이어 한국 스타트업까지 초대되고 있다.[27] 이 제도의 연장선상에서 영국 정부가 항공과 숙박 비용까지 지원해서 현지의 주요 기업과 투자자, 규제 당국을 만날 기회도 주고 있다. 비자도 매우 탄력적으로 운영된다. 가장 대표적인 것이 최장 10년 4개월을 체류할 수 있는 '테크 네이션 비자'이다. 첨단 기술 분야의 창업자가 영국으로 이주할 때 주어지는 비자다. 이 외에도 '글로벌 탤런트 비자'는 과학, IT, 예술 분야에서 두드러진 활약을 하는 새로운 인재나 유망한 인물을 대상으로 체류 기간을 최대 5년까지 늘려준다. '스타트업 비자', '혁신가 비자'는 혁신적이고 성장 가능성이 있는 전 세계 청년 창업 희망자나 영국에서 사업을 이어나갈 사람과 기업을 위한 비자이다. 최대 2년이고 3년 후 연장할 수 있다. 또 해외 유망 스타트업을 발굴하는 프로그램과 영국에 진출하려는 스타트업 정착 지원 프로그램도 있다. 이런 노력으로 영국의 창업 생태계는 더욱 활발해지고 있다.

대체로 스타트업 생태계가 선순환 구조를 완전히 갖추기 위해서는 창업만 독려해서는 부족하다. 많은 스케일업이 발생해 기업이 쑥쑥 자랄 수 있는 토양이 마련되어야 하는 이유다. 그런 점에서 스케일업과 엑시트가 활발한 영국은 가장 성숙한 창업 생태계를 갖춘 나라다.

독일

_ 외국인 친화적 제도로 달성한
유럽 3위 스타트업 생태계

독일은 미국, 중국, 일본에 이어 전 세계 4위의 경제 강국이자 유럽 스타트업 생태계 순위 3위다. 과거 동독과 서독으로 대립했고 통일 후에도 후유증을 겪는 등 우여곡절이 있었지만, 지금은 창업 국가로서의 면모를 보여주고 있다. 특히 베를린을 중심으로 외국인 친화적인 환경이 형성되어 있어서 스타트업 창업자 중 외국인 비율도 꽤 높은 편에 속한다. 2019년 기준 7만여 개 스타트업이 탄생했고 이제까지 총 17개 유니콘 기업이 탄생하거나 독일로 소재를 옮겼다. 2011년 '팩토리베를린'이라는 창업단지가 생기면서 우버와 트위터 등이 입주하기도 했다. 저렴한 물가와 자유분방한 문화가 전 세계 창업자들을 독일로 부른 것이다. 일반적으로 독일은 '제조업 강국'으로 알려졌지만, 제조

팩토리베를린 실내 공간. 팩토리베를린은 스타트업단지로 유럽의 실리콘밸리 역할을 하고 있다. (출처: 팩토리베를린)

업만으로 경제를 지속해서 활성화하기에는 한계가 있을 수밖에 없었다. 독일 정부는 이런 문제의식을 느끼고 2015년부터 본격적으로 일자리 창출과 경쟁 시장 확대, 혁신적 산업 구축을 위해 스타트업을 지원해왔다.

스타트업의 토대, '인더스트리 4.0'

독일 스타트업 생태계에는 다른 국가와는 사뭇 다른 부분이 있다. 독일에서는 중소기업, 즉 '미텔슈탄트Mittelstand'가 경제의 중추이자 국가의 중간층 역할을 충실하게 담당하는 존재다. 대기업 중심으로 경제 구조가 재편된 우리나라와는 다른 전통을 가지고 있다. 독일 정부는 원래부터 꾸준하게 중소기업의 창업과 지

팩토리베를린에서 일하는 젊은 창업자들. 독일 정부는 전통적으로 '미텔슈탄트'라는 중소기업 창업에 많은 지원을 해왔다. (출처: 팩토리베를린)

원에 심혈을 기울여왔다. 따라서 4차 산업혁명과 함께 시작된 독일의 스타트업 창업 열기는 중소기업을 지원하는 정책의 큰 물줄기 아래에서 이뤄지는 것이라고 볼 수 있다.

독일 스타트업 생태계의 또 하나의 특징은 해외 자본과 인력을 적극적으로 끌어들여 자국 스타트업 시장을 성장시킨다는 점이다. 실제 2018년 기준 베를린 창업자 중 43%는 외국인이다. 직원 중 외국인 비율도 65% 정도다. 외국인 창업자에게 발급한 비자도 77%에 이를 정도로 매우 높은 편이다.

독일 스타트업의 출발은 2011년에 발표된 '인더스트리 4.0'이다. 당시 독일 총리가 주도한 이 산업 정책은 그간 제조업이 만들어놓은 전통 시설에 IT 시스템을 결합해 스마트 공장으로 진화하자는 계획이었다. 이 정책이 생산성을 약 30% 이상 높일

독일 음식 배달 업체 딜리버리히어로는 전 국민이 다 아는 스타트업이다. (출처: 딜리버리히어로)

것으로 예상하면서 독일 경제의 새로운 약진을 기대했다. 이 정책은 또한 스타트업에 매우 효과적으로 작용했는데, 대기업과 중소기업, 대학 연구 기관의 기술과 지식을 연결해주었다. 스마트 공장을 만들기 위해서는 각계각층의 기술이 공유되어야 했기에 이러한 활발한 소통 속에서 표준화 방안이 마련되자 스타트업 창업자가 많아지면서 관련 기술을 개발했고 투자자들도 서서히 모여들기 시작했다.

정부 차원에서 좀 더 구체화한 지원 프로그램은 2017년에 발표된 '스타트업 어젠다 2017'이었다. 창업 교육, 창업자 지원 등 16개 항목의 어젠다를 지정하고 당시 450개의 스타트업을 대기업과 중소기업, 연구 기관과 연결하면서 생태계를 서서히 확장해왔다. 이어 독일 정부는 다시 '스타트업 어젠다 2020'을 발표해 '유럽 최고의 디지털 성장국'으로 가겠다는 목표를 분명히 했다. 더욱이 2020년은 독일 스타트업 생태계에 매우 기념비적인 해였다. 독일 유니콘 기업 '딜리버리히어로'(음식 배달업체)와 '헬로 프레쉬'(밀키트 기업)가 각각 도이치은행과 루프트한자의 시가총액을 넘어선 것이다. 이제 독일 경제의 중심이 스타트업으로 넘어가고 있음을 보여주는 증거다.

전통 산업의 조화로운 발전

독일의 스타트업 정책 중 주목해야 할 부분은 도시 재생을 함께 진행했다는 점이다. 앞서 언급했던 '팩토리베를린' 역시 도시 재생의 일환이었다. 이러한 스타트업단지가 독일 전국에 100여 개나 된다. 옛 가스 발전소를 개조한 '유레프캠퍼스'나 시내 거리에 있는 건물을 개조한 '스필펠트'도 마찬가지다.

독일 내에서 창업의 중심지는 단연 베를린이다. 독일 전체 투자 유치 건수의 40%, 전체 투자 유치 금액의 60%에 육박하는 금액이 베를린의 스타트업에 투자되었다. 그러다 보니 베를린 시에는 독자적인 창업 지원 프로그램이 있다. 우선 '창업 보너스' 제도가 있다. 아직 시장에 자리 잡지 못한 제품이나 서비스, 프로그램을 개발하는 스타트업에 최대 5만 유로를 지원한다. '벤처캐피털 보조금'도 있다. 혁신 기업의 지분을 매입하는 개인이나 엔젤투자자에게 보조금을 지원하면서 스타트업의 재정 여건을 개선하는 방법이다. 제조업이 강한 독일이다 보니 '마이스터 창업 보조금'도 있다. 수공업 마이스터 시험을 통과한 후 되도록 빠르게 독립해서 창업할 수 있게 최대 1만 5,000유로를 지원한다.

최근 독일은 첨단 기술을 가진 스타트업에 막대한 지원을 하고 있다. 2021년에는 약 8억 8,600만 유로(한화 약 1조 2,000억 원)의 '하이테크 창업자 펀드'를 만들었다. 이때 정부는 '투자 손실률 30%'를 목표로 했다. 이는 곧 손실이 당연히 예상되며, 또 손실이 있더라도 투자를 멈추지 않겠다는 강력한 의지의 표현이다.

독일에서는 스타트업 지원에 많은 민간인이 참여한다. 이는 독일의 경우 정책 결정 시 이해 당사자의 이야기를 듣는 데 많은 시간이 소요되고, 공무원들도 다소 보수적으로 생각하는 경향이 있기 때문이라고 한다. 그래서 속도가 생명인 스타트업을 지원하기 위해 민간인 참여를 늘렸다는 것이다.

코로나19는 독일 스타트업에도 위기이자 기회였다. 전체 기업의 75% 정도가 피해를 본 것으로 알려졌지만 비대면 사업 모델은 오히려 선전했다. 위기 속에서도 독일 스타트업은 계속되는 발전의 여지를 탐색하고 있다.

독일은 전통 산업과 연계된 자동차, 제약, 기계와 관련한 하드웨어 스타트업 비율이 높다. 앞으로도 독일의 스타트업은 전통 제조업과 결합해서 발전할 가능성이 커 보인다. IoTInternet of Things

(사물 인터넷)와 관련한 독일 우스갯소리 중에 이런 말이 있다.

"미국이 인터넷internet을 가지고 있다면, 우리는 사물things을 가지고 있다."

완벽함과 철저함을 추구하는 독일 전통 제조업에 대한 자부심을 표현하는 말일 것이다. 독일 스타트업은 자국에 이미 형성된 전통 산업과 첨단 기술을 조화롭게 만들어나갈 것이다.

미국

_ 가장 창업자 친화적인 나라,
압도적 지원이 만든 세계 1위

미국 스타트업 생태계는 전 세계를 통틀어 '가장 압도적인 1위'다. 2021년 기준 미국에는 총 6만 4,000여 개의 스타트업이 있다. 이는 미국 다음으로 그 숫자가 많은 9개국의 스타트업을 모두 합친 것보다도 많은 숫자다. 그런 점에서 미국 스타트업 생태계를 살펴보는 것은 곧 스타트업의 최신 경향을 살펴보는 것이라고 할 수 있다. 미국에 불고 있는 '광풍에 가까운 투자 열풍'의 배경에는 코로나19로 인한 팬데믹 사태가 있다. 불안 심리에서 하는 투자가 아니다. 미래의 첨단 기술이 오히려 팬데믹 사태에서 더욱 빛을 발하면서 투자자들의 심리를 자극했다고 볼 수 있다. 즉 코로나19가 4차 산업혁명을 더욱 앞당겼다는 말이 여실히 증명되고 있다.

오바마, 트럼프, 바이든을 잇는 창업 정책

미국은 가장 전통적이면서도 가장 강력한 '스타트업 강국'이다. 특히 유니콘 기업의 탄생은 다른 나라에 비하면 압도적이다. 2021년 상반기 집계 기준, 새로 탄생한 전 세계 유니콘 기업 291개 중 169개가 미국 기업으로 전체 58.1%에 달한다. 2위 중국이 26개로 8.9%를 차지하고 있는데 그 격차가 6배를 넘어선다.

미국에서 유니콘이 많이 탄생한 데는 나름의 구조적 이유가 있다. 미국이라는 나라는 거대한 소비력과 규모의 경제를 갖추고 있어서 한번 시장을 선점하면 막대한 이윤을 창출할 수 있는 것이다. 따라서 3~5년 정도의 손익분기점을 넘기는 시간만 견디면 다른 국가의 스타트업보다는 훨씬 빠르게 유니콘으로 성장할 수 있다. 그런 점에서 '미국 스타트업이 세계에서 가장 뛰어나기 때문에 유니콘이 많이 탄생한다'는 일방적인 오해를 할 필요는 없다. 거대한 국토와 많은 인구, 엄청난 소비력 등이 모두 하나가 되어 '유니콘이 많을 수밖에 없는 구조'가 형성되었다는 점을 염두에 두어야 한다.

하지만 아무리 구조가 형성되어 있다 하더라도 스타트업에 대한 제대로 된 지원 정책이 없다면 유니콘은 탄생하기 힘들었을 것이다. 미국 스타트업 생태계의 가장 큰 특징을 꼽으라면 ① 정부 주도의 지원 정책과 ② 민간의 막강한 자금력이라고 할 것이다.

오바마, 트럼프, 바이든으로 정권이 바뀌어도 안정적으로 지속 가능한 스타트업 지원 체계를 구축한 미국은 글로벌 스타트업업계를 선도하고 있다. (출처: 블랙엔터프라이즈)

미국에서 스타트업에 대한 인식이 생기기 시작한 시기는 1999년으로 거슬러 올라간다. 당시 '글로벌 기업가정신 모니터'가 시작되면서 미국인들은 창업에 매우 낙관적인 견해와 자신감을 가진 것으로 밝혀졌다. 하지만 창업이 쉽지 않은 상태였고 이 문제를 빠르게 해결해야 한다는 문제의식이 있었다. 이 문제를 해결하려는 시도가 이뤄지면서 스타트업이 본격적으로 확산하기 시작했다.[28]

이런 계기를 마련한 것은 바로 2011년 오바마 대통령이 발표한 '스타트업 아메리카 이니셔티브Startup America Initiative'였다. 여기에는 창업 자금 직접 지원, 창업자 정신 교육 및 프로그램 확대, 각종 규제 및 장애 요인 제거, 대기업과 창업 기업 간의 협력 등이 포함되었다. 당시 오바마 대통령은 새로운 일자리는 창업이나 중소기업에서 나온다며 스타트업의 중요성을 강조했다. 이에 따라 미국 정부는 민간투자금의 2배에 해당하는 자금을 지원하는 '임팩트 투자 펀드'를 만들고 패스트 트랙 처리, 외국인 창업 비자, 멘토링 등을 제공하고 있다.

팬데믹 시대에 창업 기업 늘어

오바마 대통령 당시의 창업 지원 프로그램이 가진 의미를 더 깊이 알아보기 위해서는 과거부터 내려온 미국의 창업 스타일을 알아야 한다. 미국은 전통적으로 창업 초기 기업이나 예비 창업자들이 투자받기 매우 힘든 나라였다. 물론 벤처캐피털이나 전문 투자자들이 있기는 했지만 성장 가능성이 있는 기업에만 투자할 뿐, 스타트업과 같은 불확실한 기업에는 투자를 거의 하지 않았다. 그 결과 미국 창업자의 80%는 스스로 자금을 조달해 창업했다. 하지만 오바마 대통령의 '스타트업 아메리카 이니셔티브'는 이러한 문화를 완전히 바꾸었다. 정부가 선제적으로 많이 투자하기 시작하자 민간투자자들도 그 흐름에 동참했다. 상황이 과거와는 완전히 달라졌다. 미국 스타트업 생태계를 설명할 때 빠질 수 없는 것이 막강한 자금력이다. 미국 자체가 이미 세계 금융권의 중심인 만큼 스타트업에 대한 투자 스펙트럼이 매우 두텁고 다양하다. 벤처캐피털에 소액 대출, 민간투자자 등이

비영리 재단 스타트업 아메리카 파트너십은 민간 부문에서 자체적으로 자금을 마련해 창업 기업을 지원하고 있다. (출처: 스타트업 아메리카 파트너십)

존재한다.

트럼프 대통령 재임 시절에서는 제조업과 AI, 5G 관련 산업을 강화하는 정책을 추진했다. 바이든 대통령은 빅테크 기업에 대한 강력한 규제를 통해서 스타트업이 위협받는 환경을 제거하려 하고 있다. 2020년 미국 국무부는 자체 조사에 따라서 구글과 페이스북을 상대로 반독점 소송을 제기하기도 했다. 다만 미국 스타트업 지원 정책이 워낙 촘촘하고 체계적으로 되어 있는 만큼 바이든 시대에도 그 정책이 꾸준히 이어질 것으로 보인다.

미국에서는 민간 분야의 창업 생태계를 조성하기 위한 노력이 이어져왔다. 가장 대표적인 단체가 바로 혁신적인 창업 기업을 지원하는 '스타트업 아메리카 파트너십Startup America Partnership'이다. 이 단체는 기업가, 벤처투자자, 대학, 재단이 참여하며 거대 기업에서 재원을 조달받고 있다. 이곳에서는 멘토를 통한 기업가정신의 고양, 각 교육기관에 기업가정신 프로그램 확대, 지역 생태계의 개발과 교수의 참여 확대 등이 이루어지고 있다.

미국은 앞으로도 막강한 자금력과 거센 창업 열풍을 기반으로 글로벌 스타트업업계를 선도할 것이다. '광풍'에 가까운 투자로 스타트업 창업자가 직원을 고용하거나 제품을 출시하기도 전에 이미 투자가 이뤄지는 과열 현상까지 보일 정도다. 미국 데이터 제공업체 피치북이 집계한 바에 따르면 2021년 12월 기준 930억 달러(한화 약 100조 원)가 시드 단계와 초기 단계 스타트업에 투자되었다. 5년 전에 비하면 무려 3배 가까이 증가한 금액이다. 또 미국은 팬데믹 사태에서도 전체 창업 생태계는 오히려 성장한 것으로 나타났다. 미국 피터슨국제경제정책연구소가 발간한 보고서에 따르면, 팬데믹 이후 신규 창업이 오히려 큰 폭으로 증가해 미국 전체 기업 수는 533만 개로 사상 최고치를 기록했다. 특히 온라인 기반 소매업이 급증한 것으로 나타났다.[29]

필자는 비영리 '넥스트챌린지' 액셀러레이터를 설립하면서 미국 보스턴의 매스챌린지MassChallenge를 벤치마킹 모델로 삼았다. 매스챌린지는 스타트업의 지분이나 경영권을 요구하지 않는 비영리 글로벌 액셀러레이터로 유명하다. 스타트업 생태계로는 미국 내 3위 안에 드는 보스턴에서 2010년에 설립되었다. 현재는 5개국 7개 도시에서 액셀러레이터를 운영하고 있다. '공공성 추구', '경쟁 모델 정착', '전문가 그룹 운영', '오픈 이노베이션 플랫폼으로서 역할 수행' 등의 다른 액셀러레이터와의 차별점이 매스챌린지를 성공으로 이끈 비결이다. 이를 바탕으로 유전자 공학 기반의 미생물 유기체를 화장품, 식품, 의약품, 의류 등 다

매스챌린지는 스타트업의 지분이나 경영권을 요구하지 않는 비영리 글로벌 액셀러레이터로 수익성 못지않게 공공성을 우선시하는 게 특징이다. (출처: 매스챌린지)

양한 산업에 접목해 유니콘 기업으로 성장한 징코바이오웍스 같은 스타트업을 키워낸 것이다. 2019년에 설립한 넥스트챌린지재단 역시 공공성 추구와 더불어 도시 앵커 기능을 통해 창업 생태계를 활성화하고 스타트업 도시로 바꾸는 데 기여하고 있으며 인천, 부산, 제주 서귀포에서는 타 액셀러레이터와 접근법 자체가 다르다는 평가를 받고 있다.

한국무역협회 국제무역연구원 박소영의 〈글로벌 액셀러레이터 'MassChallenge'의 성공비결과 시사점〉에 따르면 매스챌린지는 사회적 문제와 도전 과제 등을 해결하려는 관점에서 스타트업을 무상 지원하고 육성하는 것이라며, 본부인 보스턴을 포함한 5개국 7개 도시를 주요 거점으로 2010년 설립 이후 2018년까지 81개국에서 1,500개 스타트업을 육성하고 9만 5,000개 직간접 일자리를 창출하는 데 기여했다.

매스챌린지는 1,000여 명의 기업가, 교수, 변호사, 회계사, 투자자 등으로 구성된 전문가 그룹을 운영해 스타트업 사업 참여와 투자자 발굴 등 실질적 성과를 내기 위한 역할에도 적극적이다. 특히 '세계 스타트업 올림픽'으로 불리는 '챌린지 프로그램'

은 매스챌린지가 매년 참가 스타트업 5,000여 개를 대상으로 심사를 거쳐 최종 선정된 기업을 집중적으로 지원하는 스타트업 경쟁 모델이다. 매스챌린지 출신 스타트업은 다른 스타트업에 비해 50만 달러 이상의 투자를 유치할 확률이 2.5배, 15명 이상의 직원을 고용할 확률은 3배 이상 높은 것으로 나타났다.

한국도 지속 가능한 스타트업 지원 체계를 구축하기 위해서는 스타트업 생태계를 바라보는 인식과 지원 방식에 변화가 필요해 보인다. 이를 위해서는 정부 및 지원 기관 차원에서 스타트업 생태계에 대한 인식 전환과 글로벌 인프라 연계, 스타트업 지원 전문가 발굴 및 육성이 필요하다. 스타트업은 글로벌 마인드를 갖고 있어야 한다. 박소영 연구원은 "국내 스타트업 지원 기관들은 매스챌린지와 같은 글로벌 액셀러레이터와의 전략적 제휴를 검토할 필요가 있다"라면서, "스타트업과의 파트너십, 멘토십을 형성해 투자유치 분야 등에서 실질적인 도움이 되는 전문가를 발굴 및 육성해 체계적으로 관리하는 것이 중요하다"라고 밝혔다.[30]

미국은 지금과 같은 압도적 세계 1위의 스타트업 생태계를 기반으로 앞으로도 계속 기록들을 갈아치우며 '새로운 중흥'을 맞으리라 예상된다.

Chapter 4

변종 늑대들의 대항해를 위한 스타트업 육성 정책의 대전환

_ 늑대의 폭발적 힘을 열어줄 패러다임 시프트

스타트업은 미래로 향하는 원동력임에는 분명하지만 이를 더욱 활성화하기에는 그만큼의 많은 공력이 들어가야만 한다. 무엇보다 더 많은 창업자를 양성하기 위해서는 새로운 교육제도로 무장해야 한다. 사회에 나오는 시기를 더 앞당기고 대학에서 더 확실한 창업교육도 진행해야 한다. 이와 함께 자금 지원 방식과 담당 공무원들의 전문성도 재고해 더 나은 방법을 찾아야 한다. 지난 수년간 우리나라 스타트업은 세계에 자랑할 만했지만 창업 환경은 그에 못 미쳤다. 이러한 문제점들을 더욱 세심하게 다듬고 정교하게 바꾸어 갈 때 비로소 대한민국의 미래를 스타트업이 짊어질 수 있다.

스타트업과 문화

_ 우리 스타트업의 지속 성장을 위해

문화는 한 시대를 지배하는 매우 강력한 사고와 행동의 원동력이 된다. 동시대에 광범위하게 받아들여지고 있는 믿음과 지식, 도덕과 관행, 법이 하나가 되어 한 사회 특유의 라이프 스타일이 되기 때문이다. 이러한 문화는 앞선 사람들이 남긴 유물이기도 하지만 때로는 적극적인 노력으로 변화하기도 한다. 이러한 문화의 지배를 받지 않는 영역은 거의 없다. 그렇다면 우리는 자연스럽게 스타트업 창업과 관련해서도 문화를 논할 수 있다. 정부의 자금 지원이나 다양한 정책이 스타트업 활성화의 큰 축이기는 하지만 스타트업과 관련한 전반적인 문화 역시 결코 무시할 수 없는 것이다. 이러한 근원적인 문화를 탐구하는 일은 스타트업의 장기적 발전에 밑거름이 되리라 생각한다.

정부 노력의 한계

이른바 '선진국'으로 불리면서도 유니콘 기업 수가 적은 나라들이 있다. 가장 대표적인 나라가 바로 일본과 이탈리아다. CNBC와 IMF가 집계한 2020년 GDP 순위에 따르면 일본은 3위, 이탈리아는 8위, 한국은 10위에 해당한다. 그런데 이제까지 총 배출해낸 유니콘 기업 수를 비교해보면 그 순위는 완전히 뒤바뀐다.

- 한국 18개
- 일본 6개
- 이탈리아 2개

물론 유니콘 기업 수만으로 국가 경쟁력을 따질 수도 없고, 한 국가의 창업 생태계를 논하기에는 무리가 있다. 그럼에도 미국과 중국의 유니콘 기업 수가 압도적으로 많다는 이야기는 국가 경쟁력이 유니콘 기업 배출에 큰 영향을 미친다는 것을 의미한다. 그런데 유독 일본과 이탈리아에서만큼은 이런 경향이 적용되지를 않는다. 더욱이 일본은 매우 심한 경우다. 국가 규모나 인구수로만 보면 한국을 압도해야 하는 것은 물론이고 세계적 기준으로 보자면 최소 100개 정도의 유니콘은 이미 탄생했어야 한다. 그에 비하면 6개는 매우 초라한 성적이다. 일본 언론도 이 부분을 심각한 문제로 지적하고 있다.

이탈리아 역시 인구가 6,000만 명이 넘어 결코 우리보다 열세인 상황이 아니다. 그런데도 유니콘 수가 2개에 불과하다는 점은 쉽게 이해가 되지 않을 정도다. 이탈리아에서 배출된 2개의 유니콘은 모두 '패션 앱'이다. 명품 편집숍과 빈티지 및 스트리트 패션 의류 거래가 주요 사업 영역이다. 멋을 추구하는 이탈리아인의 성향은 알겠지만 패션을 제외한 최첨단 기술 분야의 유니콘이 없다는 사실도 매우 특이한 점이다.

그렇다고 일본이나 이탈리아 정부가 스타트업 활성화와 생태계 정착에 노력을 기울이지 않은 것은 아니다. 일본은 2018년 정부 차원에서 'J-스타트업' 프로그램을 출범했다. 창업하면 정부 및 유관 부처로부터 다양한 지원을 받았다. 구글의 스타트업 지원 프로그램인 '구글캠퍼스'도 2019년 도쿄에서 문을 열었다. 민간에도 다양한 액셀러레이션 프로그램이 존재하고 있으며 투자 조합도 꽤 다양한 편이다.

이탈리아 역시 마찬가지다. 이탈리아 정부는 2012년 청년 창업을 위한 장려 프로그램을 '성장 2.0Crescita 2.0'이라고 이름 짓고 다양하게 투자 지원하고 행정 절차를 간소화해 생태계의 확보에 나섰다. 결과적으로 보자면 일본과 이탈리아 모두 정부 차원의 스타트업 양성을 위한 노력이 있었다. 그러나 문제는 그 성과가 정점에 이르렀음을 증명할 유니콘 기업의 배출로 이어지지 않고 있다는 것이다. 그렇다면 일본과 이탈리아에서는 왜 이런 현상이 발생하는 것일까?

마이스터의 나라, 독일의 사례

일본과 이탈리아 사이에는 공통점이 하나 있다. 바로 면면히 이어져온 '장인 정신' 문화다. 일본의 장인 정신은 유명하다. 철저한 신분제 사회 속에서 일본인들은 17세기부터 각자의 직업에 충실하면서 목숨 바쳐 일하는 장인 정신을 길러왔다. 수백 년에 걸쳐 가업을 잇는 것 역시 이러한 장인 정신의 발현이라고 할 수 있다. 소위 '이태리 명품'으로 대변되는 이탈리아의 장인 정신은 우리 한국인의 인식에도 매우 강하게 남아 있다.

장인 정신은 끈덕지고 꾸준하게 결코 신념을 버리지 않으면서 최고의 제품을 추구하는 정신으로 요약할 수 있다. 이러한 정신의 요체는 매우 신뢰할 만하다. 당연히 좋은 이미지다. 하지만 안타깝게도 격변하는 사회와 경제적 흐름 속에서 재빠르게 도전하고 순발력 있게 자신을 변화시켜야 하는 스타트업의 생리와는 정반대라고 해도 과언이 아니다. 특히 1년을 단위로 소비자가 변화는 시대다. 더구나 스타트업은 이른바 '피벗' 전략으로 사업을 빠르게 전개해나간다. 아직 완성되지 않은 제품이나 서비스를 우선 출시하고 소비자의 반응을 보면서 전혀 다른 아이디어로 발전시켜나가기도 한다. 이러한 숨 가쁜 상황에서 장인 정신을 고수하는 것은 득보다는 실이 많다고 볼 수 있다.

'장인 정신의 나라'라고 하면 또 한 나라를 손꼽을 수 있다. 바로 독일이다. 이른바 '마이스터'로 상징되는 독일식 직업 교육 역시 장인 정신에 초점이 맞춰져 있다. 그렇다면 과연 독일도 유니콘 기업의 배출이 부실할까?

현재 독일 유니콘 기업의 숫자는 총 17개로 일본과 이탈리아에 비하면 많은 편이지만 국가 규모와 발전 정도에 비하면 매우 적은 편이다. 또 독일 내에서조차 그 전망을 밝게 보지 않는다. 독일 유니콘 기업들에 투자되는 5,000만 유로 이상의 자금은 대부분 미국과 중국에서 유입되고 있으며, 성장 자금 역시 10건 중 9건이 비유럽권의 투자자들에게서 나오고 있다. 그렇다면 순수하게 '독일 유니콘'이라고 보기도 힘든 실정이다. 독일 주식연구소 크리스티네 보르텐랭어 소장의 이야기를 들어보면 이를 실감할 수 있다.

"독일은 아이디어의 땅이지만 이런 아이디어에 자금을 지원하는 데 있어서는 개발도상국 수준에 머무르고 있다."[31]

문화가 창업을 이끈다

결과적으로 우리는 앞으로 한국 스타트업의 100년 미래를 설계하면서 문화적 측면을 필수적으로 생각하지 않을 수 없다. 스타트업을 두려워하지 않는 문화, 실패해도 재기할 수 있는 문화 그래서 스타트업에 누구나 도전할 수 있고 또 이를 주변에서 긍정해주는 문화가 필요하다. 더불어 장인 정신이 가진 그 요체는 보존하되 발 빠르게 변화하고 혁신하고 미래에 도전하는 문화 역시 더욱 발전시켜나가야 한다.

실제로 현재의 한국 스타트업 성과는 문화적 인식과의 싸움이었다고 해도 과언이 아니다. 2013년만 해도 '창업은 바람직하지 않고 신중해야 한다'는 인식이 일본보다 더 강했다. 당시 한국과학창의재단이 한국, 중국, 일본의 성인 3,000명을 대상으로 한 조사에 의하면 '창업은 바람직하지 않다', '창업은 신중해야 한다'고 대답한 한국인은 73%에 육박한 데 반해 일본은 55% 정도였다. 하지만 그간 한국에서는 인식이 급격하게 바뀌어 이제는 전 세계에서 가장 창업 실패에 대한 두려움이 없는 나라가 되었다. 반면 일본의 현실은 바뀌지 않아 세계 경제 대국 3위의 나라에서 유니콘 기업이 고작 6개밖에 탄생하지 않는 결과가 만들어졌다.

우리나라는 문화의 '역동성'이 DNA처럼 전해지고 있다. '다이내믹 코리아Dynamic Korea'라는 국가 브랜드는 2002년 월드컵을 앞두고 만들어졌지만 지금까지 한국을 보는 시선에 영향을 끼치고 있다. 2016년 서울시가 외국인 관광객을 선별하여 표적집단면접FGI을 실시한 결과 서울의 이미지는 '다양성', '역동성', '젊음'으로 조사되었다. 이제부터 우리는 이 타고난 문화의 역동성을 더욱 발전시켜 그 힘이 스타트업의 뿌리가 되게 해야 한다.

문화를 만드는 제도의 힘

문화는 단순한 캠페인이나 정부 차원의 '독려'로 만들어지지는 않는다. 문화는 규율과 법, 제도에 의해 만들어지고 정착된다. 인구 840만 명의 이스라엘이 '스타트업 대국'이 된 것도 바로 제도의 힘이 크게 작용한 결과다. 18세기부터 유대인 공동체에는 '무이자 대부협회'가 있었다고 한다. 이 공동체는 창업자에게 세 번까지 대출해준다. 연이어 두 번 정도 실패한다 해도 개의치 않고 세 번째 대출을 해준다. 과거의 실패가 교훈이 되어 세 번째 창업으로 성공할 가능성이 크다고 판단하기 때문이다. 더 놀라운 것은 오늘날 이스라엘 정부의 자금 지원 정책이다. 정부는 첫 스타트업 실패자가 재도전할 때 처음보다 20% 더 자금을 지원해준다. 역시 실패를 경험한 창업자가 성공할 가능성이 크다고 보기 때문이다.[32]

결국 이런 실패 친화적인 지원 정책으로 이스라엘은 국민 1인당 스타트업 창업률 세계 1위가 되었다. 이스라엘의 사례는 '실패를 용인하는 문화'와 '실패해도 재도전할 수 있는 문화'의 출발은 현실에서 정책적으로 뒷받침이 되어야 가능하다는 사실을 보여준다.

이제 우리는 한국의 사회 안전망을 재고해야 한다. OECD 국가들과 비교하면 우리의 사회 안전망 수준은 최하위에 속한다. 터키, 칠레, 멕시코보다 약간 나은 상태지만 라트비아, 콜롬비아,

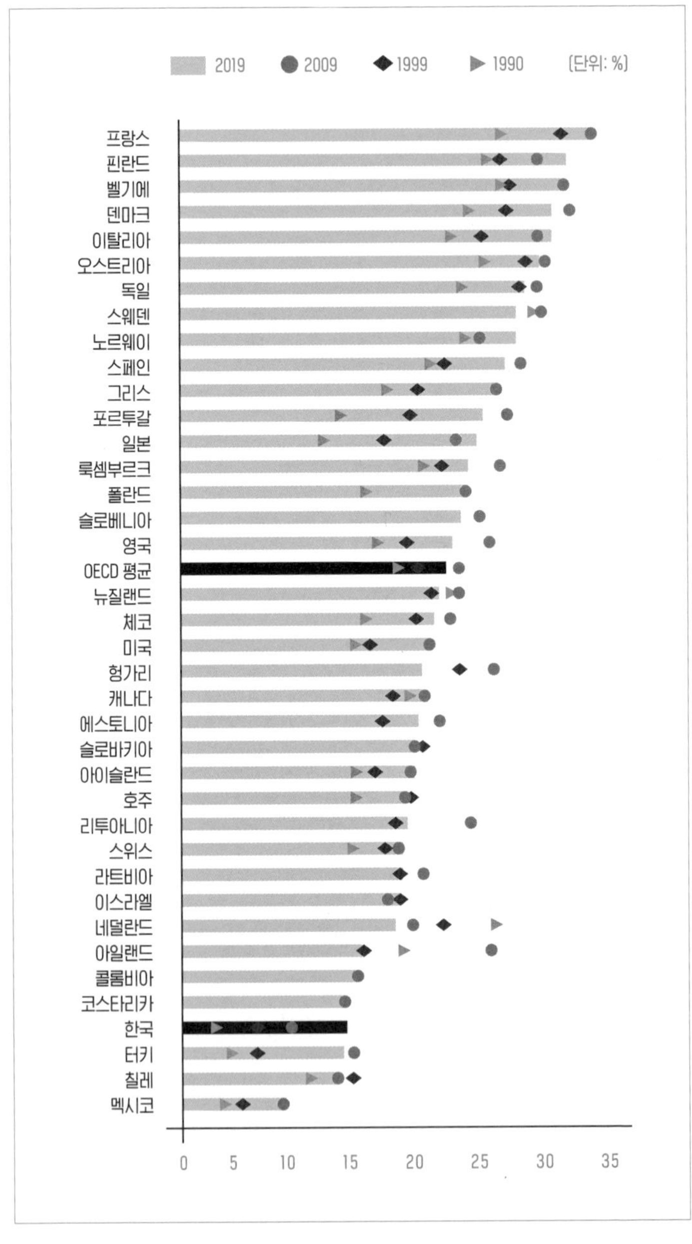

국가별 공공 사회 지출 대 GDP 비율 비교.

코스타리카, 헝가리보다 낮은 수준으로 38개국 중 35위다.[33]

이러한 상태로는 일반 사회 구성원은 물론이고 창업자들도 실패의 위험에서 결코 안전할 수 없는 수준이다. 창업 활성화도 필요하지만 그 대열에서 실패한 이들을 위한 대책도 동시에 세우는 것이야말로 진정으로 건강한 생태계를 만들어가는 길이다.

출발은 학교와 학제의 변화에서부터
_ 패러다임을 바꿀 교육제도

인류가 존재하는 한 교육이라는 영역은 영원불멸하겠지만 교육의 방법과 내용은 시대에 따라 끊임없이 변해왔다. 특히 경제 구조와 일자리 유형은 교육제도와 절대적인 연관을 맺고 있다. 농업이 지배하는 양반 사회에서는 사서오경을 비롯한 각종 역사서와 문장서를 공부하고 과거에 응시해 관직을 얻었다. 조선 시대 사람들은 지금의 사람들과 완전히 다른 교육을 받은 것이다. 이는 곧 4차 산업혁명 시대와 함께할 미래 교육도 지금의 교육과는 '완전히' 달라져야 함을 의미한다.

아무리 전문직이라고 해도 단순한 업무는 사라지게 될 것이다. 대부분의 육체노동을 기계가 대신하는 시대에서는 인재 기준 자체가 달라진다. 미래의 관점에서 지금의 교육을 반추한다면 지금의 학생들은 마치 유교 경전을 외고 있는 것일지도 모른다. 학제 변화에서부터 시작해야 한다. 대학 교육 역시 지금과는 완전히 달라져야 한다.

코딩 시대는 끝났는데 이제야 교육하는 공교육

우리나라는 2019년부터 초등학생에게 코딩 교육을 의무화했다. 미래에 코딩은 필요한 기술이며 논리력과 창의력 향상에 효과적이라는 이유 때문이다. 하지만 여기에 찬물을 끼얹는 전망이 나왔다. '2020 퓨처 콘퍼런스 행사' 연사로 나온 구글 현직 엔지니어는 이렇게 말했다.

"이제 코딩을 배우는 시대는 끝났다."

실제로 이미 '노코드' 프로그램이 늘어나고 있다. 시장조사업체 마켓스앤마켓스MnM는 노코드 플랫폼 시장이 2020년 132억 달러 규모에서 2025년 455억 달러로 성장할 것으로 전망했다. 노코드 플랫폼 시장이 3배 이상이 빠르게 성장한다는 것은 기존의 코딩 시장이 빠르게 축소한다는 의미다. 하지만 이런 상황에서도 우리의 초등학생들은 여전히 코딩을 배울 수밖에 없다. 코딩을 배우더라도 시대의 흐름을 간파하지 못하면 아무 소용없는 디지털 시대가 도래했다.

미국은 시대의 변화에 따라 학교 교육도 빠르게 변화시킨 경험이 있다. 2000년대까지만 해도 미국에서는 연산과 문해, 작문 중심의 교육이 진행되었다. 그러나 컴퓨터를 비롯한 IT 기술이 약진하면서 그 같은 교육만으로는 새로운 시대의 인재를 양성하기에는 역부족하다는 사실을 깨닫게 되었다. 미국 최대의 교원노동조합인 전미교육협회NEA는 교육 방향을 획기적으로 변화시켰다. 그간의 암기식, 주입식 교육에서 의사소통 능력과 협업 능력, 비판적 사고 능력, 창의력을 중심으로 완전히 전환했다.[34]

외형상 한국 교육 역시 세계 최고 수준에 이르렀다. 심지어 한국 학생들은 창의성 부분에서도 매우 높은 수준이다. 2018년과 2020년 사이에 조사된 25세에서 34세까지의 고등교육 이수율은 한국이 OECD 국가 중 1위다. OECD에서 실시하는 '학업성취도 국제비교 연구PISA'의 '창조적 문제 해결' 부분에서도 1위를 차지했다. 이런 지표만 본다면 우리나라는 미국도 부럽지 않은 교육 강국이다. 세계에서 가장 많은 아이가 교육을 받고, 가장 창의적으로 커나가는 게 한국 학생들이기 때문이다. 하지만 이러한 외형상의 지표는 큰 착시를 일으킨다. '세계 1위'라는 수치는 '평균'일 뿐이기 때문이다. 상위권 국가의 학생들만 모아 다시 통계를 내면 한국 학생들의 창의성은 20위권으로 뚝 떨어진다. 물론 그렇다고 해서 한국 교육을 무조건 깎아내릴 수는 없다. 한국전쟁 이후 국가를 재건하는 과정에서는 전체 국민의 읽고 쓰는 능력을 높여야 했으므로 평균을 끌어올리는 데에 집중할 수밖에 없었기 때문이다. 소수 엘리트에게만 교육이 집중된 것이 아니라 국민 모두에게 교육의 혜택을 주기 위해서는 당시로써는 최고의 선택이었다.

양질의 일자리를 위한 교육

세계경제포럼은 미래 인재의 기준을 이렇게 제시하고 있다.

세계경제포럼이 제시한 새로운 시대의 10대 핵심 역량	
1. 복합 문제 해결 능력	6. 감성 능력
2. 비판적 사고 능력	7. 판단 및 의사 결정 능력
3. 창의력	8. 서비스 지향성
4. 인적자원 관리 능력	9. 협상 능력
5. 협업 능력	10. 인지적 유연성

교육과 직접적 관련이 없는 사람일지라도 이러한 미래의 역량에 지금의 한국 공교육이 부합하지 않는다는 사실을 알 수 있을 것이다. 안타깝게도 공교육은 점점 후퇴의 길을 걷고 있다. '19세기의 교실, 20세기의 교사, 21세기의 학생'이라는 말이 있을 정도다. 학교는 빠르게 변하는 미래 트렌드를 파악하지 못한 채 과거에 얽매여 국어, 영어, 수학만 열심히 가르치면서 대학 입시에만 몰입하고 있다. 공교육은 기성세대와 다른 DNA를 가진 MZ세대의 니즈를 파악하지 못한 채 4차 산업혁명, 글로벌 팬데믹을 몰고 온 코로나19, 기후변화 등 빠르게 변화하는 패러

다임 시프트에 적응하지 못하고 있다. 반면 스타트업에서는 계속해서 양질의 일자리가 생겨나고 있다. AI, 디지털, 네트워크, 블록체인, 핀테크, 모빌리티, 데이터 솔루션, 그린 에너지 분야에서는 마땅히 일할 사람을 찾기가 힘들 정도다. 앞으로도 첨단 기술을 자양분으로 하는 스타트업 생태계에서 청년들의 일자리가 쏟아질 것으로 보인다. 하지만 공교육의 현장에서는 이에 대비한 교육의 변화가 잘 이뤄지지 않고 있다.

16세에 대학 진학해도 무리 없다

공교육 문제를 해결하기 위해서는 2가지를 해야 한다. 첫째는 학교에 다니는 기간 자체를 줄여야 한다. 그리고 둘째는 이제까지와는 전혀 다른 새로운 대학들이 생겨나야 한다. 필자의 구체적인 제안은 다음과 같다. 우선 교육 기간을 줄이는 것은 현장 학습 기회와 시간을 더 늘리자는 취지다.

학제 개편 제안

기존: 6년(초등학교)-3년(중학교)-3년(고등학교)-4년(대학교)
→ 24살에 사회생활 시작

대안: 4년(초등학교)-2년(중학교)-2년(고등학교)-4년(대학교)
→ 20살에 사회생활 시작

4년 일찍 사회생활을 시작하는 게 핵심이다. 4년 동안 최첨단 미래 기술의 현장에서 배우고 익힌 아이들은 미래에 최적화된 인재로 빠르게 성장할 수 있다. 아마도 교실에서 배우는 것과는 비교가 되지 않을 정도의 양과 질이 될 것이다. 교육 기간이 줄면 학생들의 지적 성장에 부족함이 있지 않겠냐는 반론도 있을 수 있다. 하지만 이제 훌륭한 강사들이 AI와 구글, 네이버, 유튜브 등을 통해 모바일에 들어와 있다. 세상의 많은 선생님이 이미 내 손안에 있는 것이다. 이런 교육 환경이라면 굳이 4년이라는 시간을 공교육으로 흘려보낼 필요가 없다.

이러한 변화에 가장 걸림돌이 되는 것은 '사회생활을 시작하기에 20세는 너무 어린 게 아니냐'는 생각이다. 하지만 '어린 나이'라는 말 역시 상대적인 개념일 뿐이다. 실제 필자는 베트남에서 열린 한 스타트업 행사에 참여했다가 충격을 받은 적이 있다. 대규모 국제 행사의 총괄 PM은 주로 30대 중반에서 40대 중반이 맡는다. 하지만 그 행사를 지휘하던 총괄 PM은 25세의 베트남 청년이었다. 어떻게 보면 기성세대가 가지고 있는 '20대는 어리다'는 생각 자체가 이미 편견일 수 있다.

세계보건기구에서 청소년의 나이를 19세까지로 한 데는 1960년대 한 연구가 중요한 역할을 했다. 당시 영국의 한 소아과 의사는 보육원 아이들 수백 명을 대상으로 사춘기를 생리학적으로 정의하고자 했다. 그때 내린 결론은 15세였다.[35] 세계보건기구는 이 15세까지는 다소 무리가 있다고 판단해 19세로 정했다.

우리나라도 과거와는 다른 기준으로 청소년의 나이를 판단해야 한다는 문제의식을 느끼고 있다. 촉법소년의 기준을 14세에서 12세로 내리자는 제안이 있다. 국회의원, 지방자치단체장, 지방의원 선거에 출마 가능한 나이를 만 25세에서 만 18세로 내렸다. 정당 가입 나이는 18세에서 16세로 하향 조정되었다. 정당에 가입한다는 것은 일종의 '정치적 판단'을 내린다는 의미다. 16세부터 정당 가입을 허용한다는 것은 청소년이 훨씬 더 성숙해졌다는 사실을 인정한 것이다. 따라서 필자의 제안대로 대학에 진학하는 나이를 16세로 내리고 20세에 사회에 진출해도 크게 무리가 없다.

지금도 그렇지만 앞으로의 변화 속도, 그 출렁임은 더욱 심해질 것이다. 앞으로는 지금보다 더 광범위한 '평생 교육의 시대'가 열릴 것이다. '살아 있는 동안 끊임없이 배워야 하는 시대'가 될 것이다. 그런 점에서도 공교육에서의 시간보다 현장에서 배우는 시간을 앞당겨 늘리는 것이 미래 교육의 새로운 이정표가 되리라 본다. 디지털을 아날로그에 익숙한 교육 현장에 접목해 학제를 16년에서 12년으로 줄이는 것이 디지털 전환의 핵심이다. 결국 디지털 시대가 가속화하면서 국가도 기업도 개인도 '속도'에 뒤처지면 모든 것이 힘들어짐을 명심해야 한다.

Interview

"시공간을 뛰어넘어 현실과 가상의 세계에서 만나고 협력하고 문제를 해결해나가게 될 것"

진동환
(마이크로소프트 상무(팀장))

2021년 11월 2일(현지 시각) 마이크로소프트가 온라인으로 개최한 글로벌 콘퍼런스 '이그나이트 2021'Microsoft Ignite 2021를 통해 90개가 넘는 신규 서비스와 업데이트를 공개했다. 이날 발표된 신규 서비스는 메타버스, AI, 초연결 등 3가지 주제를 바탕으로 하이브리드 환경에서 조직과 구성원, 아이디어 등을 연결하는 새로운 방법을 제시했다. 마이크로소프트 교육 Industry 진동환 상무에게 디지털 교육의 변화와 메타버스에 관해 질문했다. 특히 최근 가장 큰 화두이자 앞으로 중요한 주제가 될 메타버스를 통해 미래 교육도 이뤄질 것으로 보여 이 둘의 상호 결합은 큰 관심을 받고 있다.

Q 마이크로소프트에서 생각하는 미래 디지털 교육은 무엇인가?

4차 산업혁명으로 변화가 가속화되는 가운데 예상치 못한 코로나19가 닥쳤다. 교육 역시 비대면 형태로 바뀌었다. 이러한 2가지 상황이 디지털 기술을 활용하는 학습활동을 야기했고 결과적으로 미래 교육을 앞당기는 계기가 되었다. 최근 교육과 기술을 결합한 에듀테크업계는 클라우드 플랫폼 기반으로 빅데이터·AI·IoT·블록체인 기술을 통해 학생들의 창의력과 문제 해결력을 높이는 방향으로 발전하고 있다.

마이크로소프트는 새로운 의사소통 방식을 제시하는 팀즈용 메시Mesh for Microsoft Teams도 발표했다. 이제 특별한 장비 없이 어떤 기기에서도 개인화된 아바타를 통해 팀즈의 가상 환경에서 현실감 있는 회의 진행이 가능하다. 아바타는 AI를 기반으로 사용자의 움직임이나 제스처 등을 표현한다. 회의실, 디자인센터, 네트워킹 라운지 등 실재하는 공간을 닮은 몰입형 공간도 활용할 수 있어 회의의 재미를 높일 수 있다.

마이크로소프트의 메신저 기반 원격 교육 솔루션 팀즈가 온라인 교육의 만족도를 높이고 새로운 학습 환경을 제공하면서 에듀테크 시대의 마중물 역할을 하고 있다. 팀즈는 현재 전 세계 175개국 18만 3,000여 개의 교육기관에서 사용되고 있고, 국내 교육 현장에서도 많이 활용되고 있다. 특히 비대면 수업이 장기화하면서 온라인 학습의 효율성 증대와 디지털 교육 혁신을 위해 팀즈를 찾는 사례가 늘고 있다. 일례로 경희여자중학교는 비대면 교육의 빠른 안착과 수업의 질을 향상하기 위해 팀즈를 선택했다. 경희여자중학교는 ① 철저한 보안, ② 외부 앱을 포함하는 확장성, ③ 급속한 트래픽을 수용할 수 있는 서버, ④ 원드라이브 및 클라우드 서비스 등 팀즈의 다양한 강점을 통해 안정적인 수업은 물론 교사 간에 효율적 협업까지 이루어냈다.

마이크로소프트 '쇼케이스 스쿨'로 선정된 덕영고등학교는 2021년부터 팀즈를 통한 디지털 교육 혁신을 준비해왔다. 소프트웨어 분야가 빠르게 변하고 있고, 이러한 변화를 학교에서는 일일이 대응하기 어려워서 마이크로소프트의 지원이 필요했다. 이들 학교에서는 팀즈의 여러 기능을 통해 다가올 미래의 교육 변화에 대응하며 뉴 노멀 교육법을 준비하고 있다. 파워포인트로 제작된 학습 자료를 학생들과 공유하고, 공동 편집 기능을 활용해 학생들과 협업하여 과제를 수행하는 등 수업 효율을 전반적으로 증진시키고 있다. 또 폼즈Foams를 기반으로 동영상과 이미지로 구성된 퀴즈를 제작해 팀즈로 학생들에게 개별 피드백을 제공한다. 학습에 문제가 있는 학생과 즉각 소통이 가능하고, 학생의 질문은 채팅이나 화상 연결을 통해 빠르게 처리할 수 있다. 이런 식으로 학생들 간 교육 격차를 해소할 수 있는 것이 팀즈의 장점 중 하나이다.

덕영고등학교 원격 수업 시스템 관리 교사는 "처음 시작했을 때 비해 매우 익숙해져서 팀즈 내 폼즈, 원노트, 파일 공유, 수업 영상 녹화 등 다양한 기능들을 사용하는 교사들이 늘어나고 있는 상황"이라며 "마이크로소프트의 빠른 피드백과 현장 요구 사항 반영으로 비대면 실시간 수업이 원활히 진행되고 있어 매우 만족스럽게 사용하고 있다"라고 말했다.

학생들은 여전히 협업, 의사소통, 비판적 사고, 창의력 및 계산력과 같은 21세기형 능력을 갖출 필요가 있지만, 디지털 경제에서 살아남기 위해 그리고 미래에 필요한 기술을 습득하기 위해 올바른 도구로 경험과 학습을 하는 것이 점점 더 중요해지고 있다.

Q 메타버스의 미래에 대해 어떤 견해를 가지고 있는가?

마이크로소프트 클라우드는 메타버스를 위한 포괄적 솔루션을 제공한다. 애저의 IoT 기능은 실재하는 물리적 개체의 디지털 트윈(쌍둥이)을 만들고, MS 메시는 디바이스에서 구현되는 가상 세계의 현실 전달감을 높인다. 또 AI 기반 리소스는 음성 및 시각 머신러닝 모델을 통해 메타버스에서 이뤄지는 상호작용을 더욱 자연스럽게 한다.

마이크로소프트는 메타버스의 발전을 지속시킬 2가지 주요 기술 업데이트를 선보였다. 먼저 다이나믹스 365 커넥티드 스페이스Dynamics 365 Connected Spaces가 프리뷰로 공개되었다. 이는 AI·IoT 기술 등을 바탕으로 고객 동선은 물론 제품 및 장비 상태와 관련한 데이터를 제공하는 서비스다. 소매점, 작업 현장 등 거의 모든 현실 공간에서 이뤄지는 움직임과 상호작용 방식에 새로운 관점을 제공하며, 이를 통해 조직은 실시간으로 인사이트를 도출할 수 있다.

현실과 가상화된 현실, 현실과 가상을 결합하는 증강화된 현실이 눈앞에 다가오고 있다. 이러한 메타버스는 매직버스, 옴니버스(엔비디아)라고도 불리며 가상에서도 일상처럼 일할 수 있는 환경을 제공하고, 로블록스와 같은 가상의 게임 공간에서는 국경과 공간을 넘어 사람과 사람이 만나 교류하고 교감할 수 있게 한다. 이 같은 가상공간에서 나를 대변하는 또 다른 부캐나 디지털 트윈이 탄생하여 가상과 현실 공간을 오가게 되고, 나의 디지털 트윈은 가상공간에서 경제 활동을 하고 가상의 자산을 공유하는 시대가 온다. 시공간을 넘은 디지털 공간, 유비쿼터스 VR·AR 기술들은 우리가 사는 물리 공간을 가상 세계로, 가상 세계의 산출물을 현실로 가져올 수 있게 만들고 있다.

이 같은 메타버스 시대를 앞두고 우리는 이런 질문을 던지게 된다. 우리가 살고 있는 현실을 어떻게 가상으로 옮길 것인가? 현실에 살고 있는 사람들을 어떻게 가상으로 옮길 것인가? 가상 세계의 산출물들(정보, 지식)을 어떻게 현실과 일상으로 가져올 것인가? 이미 구글은 우리가 살고 있는 지구를 3차원 지도로 만들고 현실 속 공간 정보를 수집하고 있다. 우리는 이제 현실과 연결된 가상공간에서 정보를 시뮬레이션하며 결과물들을 현실로 보낼 수 있게 되었다.

지금은 스마트폰 속에서 메타버스를 경험하고 있다. 다음은 안경형 디스플레이라 예측한다. 마이크로소프트의 '홀로렌즈 2'는 이러한 메타버스 월드를 한 단계 앞당겼다. 애플도 안경형 디스플레이 디바이스를 준비한다고 발표했다. 이 외에도 5G·오큘러스·IoT·AI 기술들은 메타버스 세계가 한층 더 가까이 다가오고 있음을 알려준다.

우리는 새로운 시대가 오고 있음을 느낀다. 일각에서는 메타버스의 골드러시를 기대한다. 우리는 새로운 방식의 연결, 새로운 방식의 소통, 새로운 방식의 만남을 기대한다. 사람들은 기존의 시공간적 제약을 뛰어넘어 현실과 가상의 세계에서 만나고 협력하고 문제를 해결해나가게 될 것이다. 메타버스에서 또 다른 나를 발견하고 또 다른 가치를 경험, 공유하며 또 다른 가치를 만들어 현실에 다시 반영할 수 있게 될 것이다.

지방대 폐교와 학력 양극화 문제

_ 늑대들의 유입을 위한 환경 조성

목표와 현실 사이에는 늘 괴리가 존재한다. 국가에서도 그렇고 한 개인의 삶에서도 그렇다. 괴리를 부정적으로만 볼 필요는 없다. 괴리를 채우고 뛰어넘을 때 비로소 발전할 수 있기 때문이다. 문제는 그 괴리가 상당히 파괴적이고 부정적인 경우다. 그중 하나가 바로 소멸을 앞둔 오늘날 대학 교육의 모습이다. 하나의 대학이 사라진다는 것은 단순히 '학교'가 사라지는 데 그치지 않고 지역 경제가 통째로 사라짐을 의미한다. 인구 감소에 의한 지방 소멸과 대학 폐교에 따른 경제의 궤멸. 이 두 문제는 지금 우리 사회의 시한폭탄으로 작용하고 있으며, 이미 곳곳에서 터지기 시작했다. 특히 지방대 폐교에 한숨짓는 지자체라면 이제까지 실천해보지 않았던 마지막 카드를 꺼낼 때라고 생각한다.

취업률로 대변되는 현실

현재의 대학 제도는 1980년대 중반에서 있었던 교육개혁심의회가 제안한 구상의 결과물이다. 당시 대통령 직속 기관이었던 이곳에서는 고등교육에 관한 위상을 새롭게 정립했다.

"대학은 국가와 인류사회발전에 필요한 학술의 심오한 이론과 그 광범위하고 정치한 응용방법을 교수연구하며 지도적 인격을 도야하는 것을 목적으로 한다."

지금의 대학 현실에 비추어 생각해보면 고개가 갸우뚱해지는 것도 사실이다. 언론 보도에 따르면 학령인구 감소로 실제 부산에서만 지난 10년 동안 100개 이상의 학과가 폐지되었으며, 경북대학교는 최근 5년간 3,000여 명이 자퇴했다. 국립대가 이 지경이면 타지방 사립대학은 말할 것도 없다. 그러다 보니 대학이 홍보를 위해 마지막으로 안간힘을 쓰면서 내세우는 것이 '취업률'이다. 예를 들면 뉴스에서는 다음과 같은 소식이 끊임없이 들려온다.

"○○전문대, 전국 전문대 중 취업률 1위 달성"

"○○대학교, 취업률 77.3%, 전국 4년대 대학 취업률 대비 16.3% 높아"

"○○대, 코로나 불황 속 높은 취업률로 수도권 대학 중 7위"

"○○대, 충청권 전문대학 취업률 1위"

전 세계의 경제 구조가 바뀌고 있는 상황에서 대학에 대한 평가가 단지 '취업률'에만 머문다면 이는 매우 안타까운 현실임이 틀림없다. 일자리 문제에 가장 적극적으로 대처하며 시대에 맞는 인재를 육성해야 하는 대학에서도 전혀 대응하지 못하고 있다는 방증이기도 하다. 대학이 경쟁력을 잃고 문을 닫는다는 것은 그만큼 시대가 원하는 인재 양성 교육 시스템이 받쳐주지 않아서다. 그런 점에서 이제는 대학의 교육 시스템과 설립 목표 자체가 완전하게 달려져야 할 시기에 와 있다고 볼 수 있다.

스타트업 창업에도 학력이 중요하다?

스타트업이 만들어낼 미래의 새로운 성과와 변화는 매우 반길 만한 문제지만, 그 무엇이든 부작용이 반드시 따른다. 특히 스타트업의 창업과 지원 경향은 점차 '기술'에 초점이 맞춰지고 있다. 정부 역시 2023년까지 기술에 기반한 신산업 창업 기업에 창업 예산의 40%를 집중하여 투입할 예정이다. 그렇게 해서 창업 기업을 연 23만 개에서 28만 개로 늘리는 것이 목표다. 이런 소식은 자신만의 기술을 가지고 있는 창업자들에게 무척 반가운 것이겠지만, 문제는 기술이 없는 사람들이다. 이들은 대부분 창업 시장과 일자리에서 밀려나 삶의 기반이 흔들리는 사람들이다. 그런 점에서 우리는 '스타트업이 만들어낼 미래의 희망과 변화'에 기대를 걸면서도 '스타트업이 만들어낼 수밖에 없는 양극화'에도 그 대책을 세워야만 한다.

코로나19로 많은 사람이 고통을 겪고 있다는 말이 있다. 하지만 이 말은 조금 더 세분해서 살펴볼 필요가 있다. 사실 그 이면에는 뼈아픈 양극화와 불합리한 현실이 자리 잡고 있기 때문이다. 특히 이런 양극화가 '학력'을 중심으로 전개되고 있다는 점에서는 더 안타까울 수밖에 없다.

코로나19로 2020년 전 세계를 휩쓴 실업 사태는 특히 저임금 노동자에 집중이 되었다. 여기에서 저임금 노동자는 곧 저학력 노동자다. 네덜란드, 스웨덴, 덴마크, 핀란드, 헝가리에서 해고된 전체 임금 노동자 중 저임금 노동자의 비중은 70%에 달했다. 재택근무 역시 저학력의 굴레를 벗어날 수 없다. 미국 통계국이 조사한 바에 따르면 재택근무를 한 4년제 대학 졸업자는 60%를 넘었지만, 고등학교 졸업자는 20%에 불과했다. 복지 제도가 비교적 잘 갖추어져 있다는 스웨덴에서조차도 전문대학 졸업자는 40%에 달했지만, 고등학교 졸업자는 20%에 불과했다.[36] 우리나라도 크게 다르지 않다. 2020년 한국은행이 연구한 바에 따르면 고용 취약성이 저소득, 저학력, 청년, 여성 등을 중심으로 상대적으로 높게 나타난다고 분석했다. 또 국내 한 시장조사 전문기업이 직장인 남녀 1,000명을 조사한 결과 재택근무에 '만족감을 느낀다'고 답한 비율이 무려 83%였다. 재택근무에 대한 만족도가 꽤 높은 것이다. 그러나 저임금, 저학력 노동자는 재택근무를 할 가능성이 적으니 당연히 이런 만족감과도 거리가 멀다.

저학력자들의 취약성은 국내 스타트업 창업계에도 그대로 적용되고 있다. 2020년 〈한겨레〉는 국민대학교 경영학부 김도현 교수 연구팀과 함께 국내 대표 스타트업 창업자 93명(유니콘 기업 12곳과 300억 원 이상 초기 투자 유치에 성공한 기업 등)의 학력을 조사했다. 그 결과 50%에 가까운 창업자가 서울대, 연세대, 고려대, 포항공대, 카이스트 등 국내 5개 대학과 미국 상위 30위권 대학 출신인 것으로 밝혀졌다. 여기에 IT 기업과 컨설팅사, 벤처캐피털에서 일했거나 이미 창업을 경험한 적이 있어 스타트업 생태계와 친숙한 사람도 47%가 넘었다. 컨설팅사나 벤처캐피털에 근무하려고 해도 결국 학력은 매우 중요했다.

행복이 성적순이 아니듯 창업 성공도 성적순은 아니다. 그러나 현실에서는 학력이 성공의 중요한 지표로 작동하고 있다. 창업은 매우 평등해 보이지만, 실은 그렇지 못하기 때문이다.

창업 중심 대학의 방향성과 공교육 변화를 위한 무한 도전

_ 컴퍼니 빌더 대학, 넥스트챌린지 유니버시티

"올해 초등학교에 입학하는 학생들의 65%는 앞으로 현존하지 않는 일자리를 갖는다."

2016년 1월 세계경제포럼의 보고서 〈일자리의 미래〉에 나온 내용이다. 사실 이러한 현상은 역사에서 매우 드문 경우다. 보통 지금까지 아이들은 어렸을 때 부모의 직업을 보고 자신의 직업을 꿈꿨다. 아니면 학교에서 배운 직업에 관한 내용을 토대로 자신의 미래를 상상해왔다.

하지만 이제 이런 시대는 완전히 저물었다. 자신이 커서 무슨 일을 하게 될지는 물론, 세상이 어떻게 변할지 모를 정도로 빠르게 변하고 있기 때문이다. 바로 이것이 오늘날 우리가 보는 세상이다. 그런데 이러한 상황은 어른들을 매우 난감하게 만들었다.

글로벌 및 각계 전문가와 함께 설립을 추진하고 있는 넥스트챌린지 유니버시티는 기술과 사회 변화에 능동적으로 대처할 인재를 양성하기 위한 완전 새로운 스타트업 대학이다. (출처: 넥스트챌린지)

앞으로 아이들에게 어떤 교육을 해야 하는지 고민에 빠질 수밖에 없기 때문이다. 초중고 의무교육이야 그렇다고 하더라도 대학은 학생들이 어떤 방향성으로 공부해야 하는지 기준을 만들어줘야 하는데 세상이 워낙 빠르게 돌아가다 보니 그것에 대한 감을 점점 더 잡기 어려워했다.

그래서 지식 위주의 교육이 아닌 새로운 교육과 그것을 가르치는 방식에 대한 필요성이 제기되기 시작했다. 특히 '생존력', 즉 늑대의 '야생성'을 길러주기 위해 아이들에게 절실히 필요한 교육이 무엇일까? 교육은 이 봉착한 문제를 해결하지 않으면 안 되는 상황에 놓이게 되었다. 새로운 미래 인재를 양성하는 고등교육기관 미네르바 유니버시티는 '하버드대학보다 들어가기 어려운 대학'이라고 평가받으며 학부모들 사이에서 큰 화제가 되었다.[37]

늑대의 야생성을 키워주는 사회

실제 경쟁률을 따져봐도 미네르바 유니버시티는 하버드대학교를 압도한다. 하버드대학교의 합격률은 4.6%이지만, 미네르바 유니버시티는 그보다 더 치열한 1.9%이기 때문이다. 미국의 경제 전문지 〈포브스〉는 이런 미네르바 유니버시티를 두고 "세계에서 가장 흥미롭고 중요한 고등교육기관이다"라고 평가했다.

더 놀라운 것은 이 학교의 교육 방식이다. 이 학교는 기존 대학처럼 강의실이나 도서관, 캠퍼스가 없다. 대신 전 세계로 흩어져서 기업과 기숙사에서 생활하며 공부한다. 미국의 샌프란시스코, 한국의 서울, 인도의 하이데라바드, 독일의 베를린, 영국의 런던, 아르헨티나의 부에노스아이레스 등을 옮겨 다닌다. 애플, 우버, 아마존 같은 회사와 연계된 프로젝트로 수업하고 IT 기업에 투입되어 현장에서 직접 일을 경험한다.

수업은 전부 온라인으로 듣고 대부분 토론으로 진행된다. 주요 전공과목으로는 예술, 인문, 경영, 컴퓨터과학, 자연과학 및 사회과학이 있다. 학비는 1년에 3,600만 원 정도인데, 현지 기숙사비와 교재비, 생활비가 모두 포함된 금액이다.

2010년 미국의 벤처투자자 벤 넬슨이 창립한 이 학교는 2019년 5월에 첫 졸업생을 배출했는데, 기존의 아이비리그 학생들도 이뤄내지 못한 일정한 성과를 낸 것으로 알려졌다. 특히 대형 금융기관에 곧바로 취직하는가 하면, 구글이나 트위터 같은 회사들의 스카우트 제의를 받았다. 이 학교가 지향하는 목표는 명확하다. 바로 지금 같은 지식 위주의 교육에서 탈피해 새로운 미래 인재를 양성하겠다는 것이다. 학생들의 경험, 창의성, 소통 능력, 문제 해결력, 비판적 사고를 길러주는 것이 주요 목표다. 그뿐만 아니라 팀플레이 중심의 협업 능력을 길러주는 데도 주안점을 두고 있다.[38]

이 외에도 미국의 콴틱 스쿨Quantic School은 미네르바 유니버시티보다 한 단계 더 진보한 혁신적인 기술 솔루션을 제공한다. 2023년 한국에서도 비슷한 성격의 학교가 설립될 예정이다. 새로운 대학 혁명의 이름은 '넥스트챌린지 유니버시티'(이하 NCU)이다. 하지만 안타깝게도 NCU의 혁신 프로그램을 우리나라 현행법이 따라갈 수 없어 미국으로 본교를 옮기거나 해외 대학과 협력 방안을 논의 중에 있다. 다양한 방법은 있을 수 있겠지만, 미국은 미네르바 유니버시티의 자율성이 보장되고 한국은 그렇지 않다는 것이 안타까운 현실이다. 규제를 대폭 없애기로 한 윤석열 정부에 희망을 걸어본다. 필자가 과거 소명으로 8년 동안 융합인재사관학교(청년대안대학)를 운영해본 경험을 토대로 글로벌 및 각계 전문가 및 15곳의 유망 에듀테크 스타트업(클라썸, 레티튜, 다비다, 버드비, 보이저3호, 투티, 에이블런, 프로키언, 프롬더레드, 안드레의바다, 렉터스, 포인블랙, 에크네, 비엘에프, 리빌더AI, 퍼플러스)과 손을 잡았다.

넥스트챌린지 유니버시티란?

기존의 전통적 교육 방식이 4차 산업혁명에 따른 기술과 사회 변화에 능동적으로 대처할 인재를 양성하는 데 부적합하다고 생각해 만든 완전 새로운 스타트업 대학이다. 기업가정신을 제고하고 전문화된 창업 교육을 제공한다. 그렇게 해서 청년의 일자리를 창출하고 글로벌 경쟁력을 강화하는 게 목표다. 지혜를 시스템으로 만들어 무한한 상상과 도전을 펼치며 스타트업을 통해 꿈을 현실로 만드는 대학이다.

NCU의 철학

We learn about the consequences of our ability to observe, discover, control, and judge our own cognitive processes.

우리는 자신의 인지 과정에 대해 관찰, 발견, 통제, 판단하는 능력이 어떤 결과를 초래하는 것인지에 대해 능력을 배운다.

NCU는 기업가정신 교육을 통해 현장 경험을 바탕으로 생존력 강화 교육을 한다. 또한 O2O 학습 플랫폼을 사용하여 자기주도 과정을 설계하고 맞춤형 멘토링을 진행한다. 여기에 양질의 일자리를 창출하는 방법은 '스타트업'이라고 생각하고 기술혁신 기반 스타트업 액셀러레이팅의 창업 교육을 통한 진로 탐색을 진행한다.

NCU의 교육 방식은 첫째, 지식도 중요하지만 사고방식과 태도가 모든 것을 결정하므로 기업가정신을 중점적으로 교육한다. 둘째, 많은 기성세대가 젊은 MZ세대를 못 따라가는 이유는 '속도'와 '구조의 충격', '범위' 때문이다. 이 3가지를 따라잡지 못하면 살아남을 수 없는 시대가 되었다. 그래서 4차 산업혁명 시대인 만큼 IT가 매우 중요하다. 셋째, 4년 동안 4개 대륙 9개 국가에서 현지 교육, 경험을 바탕으로 글로벌 인사이트를 늘리고 예비 유니콘 육성을 목표로 한다.

트랙 A 과정은 학부 과정으로 고등학교 졸업 후 대학에 입학하는 학생들을 위한 과정이다. 기간은 4년이다. 4년 동안 9개국 12개 도시를 돌아다니면서 현지 교육, 문화, 기업 프로젝트, 언어, 관찰 등 경험을 바탕으로 글로벌 인사이트를 늘리고 예비 유니콘 육성을 목표로 한다. 다만 스스로 창업에 꿈이 없다고 판단되면 유니콘을 포함하여 스타트업과 손을 잡고 유망 기업에 취업할 수 있도록 진로 선택을 돕는다. 스타트업-MBA 과정인 트랙 B 과정 역시 코로나 상황이 심각해지지 않는 이상 학부 과정과 동시에 개설할 예정이다. 이제는 모바일 시대이기 때문에 20대, 30대 등이 직장에 다니면서 편하게 공부할 수 있게 한다. 그래서 학부 과정과 비교하면 2년 동안 3~4개국을 다니는 단기 과정으로 구성되어 있다. 이 외에도 K-컬처의 위상이 높아져 많은 외국인이 한국어를 배우고 싶어 하는 만큼 넥스트챌린지 한국어학당 오픈과 대기업 신사업 발굴에 대해 한층 진화된 오픈 이노베이션 2.0(12주) 과정을 선보일 예정이다.

3S 마인드셋 교육

앞으로 MZ세대들은 탄탄한 기본기를 갖추는 것이 중요하다고 생각한다. 학교에 머무는 동안 지속적이고steady 단단하고solid 견고한sound 인성과 태도를 갖춘다면 기술 향상과 함께 반드시 뛰어난 학생이 될 수 있다. 많은 곳에서 창업 교육을 실행하고 있는데, 창업이 교육 커리큘럼으로 바뀌게 되면 기적의 교육법이 될 것이다. 그래서 스타트업 액셀러레이팅 기본 교육을 통해 비즈니스 모델링, 소비자 및 시장 검증, 마케팅 등을 배운다. 인성이 준비된 후 기술을 성장시키기 위해 IT 기술 트렌드 및 활용 교육을 진행한다. VR·AR·AI·블록체인 기술 동향과 UI·UX 기획 및 실전을 교육한다. 그리고 마지막으로 각 나라에서 활동할 수 있게 국가별 언어 및 기본 정보를 교육한다.

커리큘럼은 ICT 기업가정신, 프로젝트, 활동으로 구성되어 있고 오프라인 수업 30%, 온라인 수업 70%로 진행한다. 1학기를 마친 후 9개국을 돌아다니며 교육을 받기 시작한다.

현재 대학의 문제는 인구가 줄어듦에 따라 브랜드가 없는 대학은 사라진다는 것이다. 넓은 캠퍼스 구성비와 건물 관리비를 비롯한 고정비용이 많은 부분을 차지하고 있기 때문이다. 이런 문제점을 해결하기 위해 NCU는 '코워킹 스페이스'를 활용한다. 요즘 MZ세대들이 공부하는 공간은 주로 카페와 같이 자유로운 공간이다. 이런 공간을 스타트업에서는 코워킹 스페이스, 즉 협업 공간이라고 말한다. 딱딱한 교실에서는 창의력이 나올 수 없으므로 학생들이 자유롭게 활동할 수 있는 환경을 조성했다. 기숙사 문제는 '코리빙 하우스Co-living House'로 에어비앤비와 같은 숙박업소, 공유 숙박을 활용하여 고정비를 낮추는 방안을 생각해 냈다.

NCU는 한 국가의 4개 기관과 파트너십을 맺는다. 그리고 밀도 있는 설계를 통해서 기술을 사업화한다. 여기서 학생들은 친구를 사귀게 된다. NCU 미트업meet-up의 핵심은 '멜팅 팟'(인종의 용광로)을 제공하고 학생들이 친구를 사귐으로써 다양한 나라의 문화와 역사를 알게 되고 그것을 통해 혁신적인 아이템을 얻게 하는 것이다. 이런 식으로 베트남, 인도네시아, 파리, 미국 등 여러 나라와 파트너십을 맺는다.

3년 동안 준비해서 4년제를 마치고 졸업하기 전에 NCU는 팀당 1억씩 시드 투자를 한다. 그렇게 되면 준비된 인재들은 시드 머니와 함께 획기적인 아이템으로 스타트업을 시작할 수 있게 된다. 만약에 졸업 시점에 학생이 스스로 스타트업과 맞지 않는다고 생각하면 글로벌 기업(구글, 아마존, 애플, 우버, 삼성, LG, 네이버, 카카오 등)이나 국내 유니콘 기업(야놀자, 토스, 두나무 등)으로 취직할 수 있게 파트너십을 맺을 예정이다.

NCU는 대학의 기능만 하는 것이 아니라 지역 창업 생태계의 앵커 기능을 지자체와 함께 진행한다. 대학이 교육으로만 끝나는 것이 아니라 앵커 기능을 할 때 양질의 일자리를 통해 미래의 인구 소멸과 도시 소멸을 해결하는 데 일조할 수 있을 것이다. 필자는 이것이 혁신적인 창업 중심(컴퍼니 빌더) 대학의 역할이라고 생각한다. 지방에 많은 유니콘 기업이 생기게 되면 학생들이 모두 수도권으로 향하지 않고 지방에 머무르면서 그 도시를 발전시켜나갈 수 있기 때문이다.[39]

자체적으로 학습 플랫폼도 개발하고 있다. 에듀테크 스타트업 넥스트메타NEXT META와 협업을 통해 발전시키고 있다. 먼저 '손안의 캠퍼스' 모바일 학위 과정을 추진해나갈 예정이고 학위 없는 과정도 추진해 혁신할 수 있을 때까지 혁신하는 것이 우리의 목표다.

Interview

"넥스트메타의 목표는 교수자와 학습자 모두의 조력자가 되는 것"

Choi
(넥스트메타 대표)

팬데믹 이후 가장 큰 변화가 기대되는 분야 중 하나가 에듀테크라고 생각한다. 스탠퍼드 디스쿨에서 2015년부터 5년간 진행한 '고등교육모델의 재상상Stanford Uncharted Territory' 프로젝트에서 제시한 Open Loop University, Paced Education, Purpose Learning 등 새로운 대학 모델들이 기술의 발전과 더불어 팬데믹으로 가속화되어 교육의 현장을 빠른 속도로 변화시키고 있다. 원격 수업은 '뉴 노멀'이 되었고, AR·VR 기반의 가상 화학 실험실과 개인화 AI 튜터, 메타버스 캠퍼스 등 에듀테크의 미래는 모바일 기기를 중심으로 더욱 고도화된 기술이 개인화, 분산화, 소셜 러닝, 게이미피케이션 등으로 집적되는 다양한 서비스가 등장할 것이다.

내가 현재 재학 중인 미네르바 유니버시티의 MDAMaster of Decision Analysis 석사 과정은 데이터 기반의 의사 결정을 통해 사회와 조직의 긍정적 변화를 끌어낼 수 있는 실천적 역량 양성에 집중하는 과정이다. 학부 과정과 마찬가지로 매우 '선택적인' 입학 절차를 거치며 매년 전 세계에서 20명 미만의 학생만 입학 허가를 받고 있다.

실제로 미네르바 혁신의 핵심인 100% 온라인 플립러닝(온라인 사전 학습과 토론 수업)을 가능케 하는 'FORUM' 러닝 솔루션을 사용해보니, 전이 가능 역량transferable skill 양성을 위한 미네르바의 교육 철학과 교수법이 기술에 녹아들어 시너지를 내는 동시에 기술이 가진 한계점도 깊이 있게 생각해보는 계기가 되었다. 미네르바의 혁신은 교수자의 역할 변화와 이를 지원하는 기술 솔루션의 유기적인 결합에서 시작된다고 생각한다. 요즘 학생들은 다양한 채널을 통해 정보를 습득하므로 일방적 지식 전달자인 '강의자lecturer'보다 지식을 지혜로 승화하는 방법을 코치해주는 '조력자facilitator'로서의 역할이 더 중요해졌다.

미래 에듀테크 산업의 변화 그리고 미네르바에서의 경험을 기반으로 '넥스트메타' 솔루션이 나오게 되었다. 넥스트메타는 모바일에 최적화된 메타버스 러닝 솔루션인 '손안의 캠퍼스'를 구축하고 있다. 기존 웹 기반 솔루션의 단순 모바일 버전이 아니라 '모바일 퍼스트' 미래 세대를 위한 모바일 최적화 인터랙티브 교육 콘텐츠 제작 솔루션을 제공하고, 학습자의 몰입도 향상과 동기부여를 위한 소셜 러닝, 게이미피케이션 기능이 결합한 메타버스 캠퍼스를 함께 지원하여 누구나 언제 어디서든 개인화된 학습 경험을 할 수 있다.

넥스트메타의 목표는 교수자와 학습자 모두의 '조력자'가 되는 것이다. 교수자는 쉽고 편리하게 모바일 특화 커리큘럼을 제작할 수 있고, 학습자는 원하는 시간, 원하는 장소에서 개인화된 진도 관리를 통해 쉽게 학습에 접근하고 메타버스 캠퍼스를 통해 학습 몰입도를 높이게 된다.

넥스트메타는 글로벌 혁신 스타트업 스쿨 'NCU'와 함께 러닝 솔루션을 고도화하고 있다. 현장 경험이 무엇보다 중요한 스타트업 액셀러레이팅 커리큘럼과 모바일의 편리성을 결합하여 효율성과 교육 효과를 극대화하고, 스타트업 CEO로 구성된 교수진이 편리하게 교육 콘텐츠를 구성할 수 있게 차별화된 교수법을 연구하고 있다. NCU와 함께 전 세계 9개국이 손안에서 연결되는 메타버스 캠퍼스를 구축하고, '본 글로벌' 창업 인재를 양성하여 공교육 혁신을 돕는 에듀테크 스타트업으로 성장하고자 한다.

정책자금 지원 방식의 변화

_ 야생성 복원을 위한 자금 지원

아시아의 중원을 지배했던 민족의 특징 중 하나는 바로 그들이 '초원'에서 왔다는 점이다. 초원은 비가 풍족하게 내리지 않고 매우 춥다. 풀과 나무도 자라기 어려운 환경이다. 자연스럽게 먹을거리도 부족할 수밖에 없다. 이러한 극한의 환경에서 살아왔던 사람들은 강한 정신으로 무장할 수 있었고 생존을 위한 무기를 극한으로 단련해왔다. 그 결과 그들은 오히려 열악한 환경을 딛고 중원의 지배자가 될 수 있었다.

스타트업을 창업하고 그 길을 걸어간다는 것은 편안한 환경을 포기하고 열악한 상황에서 지배자로 성장하는 과정이다. 물론 도약을 위한 최소한의 창업 자금 지원은 있어야겠지만, 부족한 것 없이 쏟아붓기만 한다면 결국 돈의 중요성은 서서히 잊히고 계속되는 자금 지원으로 생존하는 '좀비 스타트업'이 양산될 것이다. 더 두려운 미래는, 만약 우리나라 스타트업업계에 이러한 습성이 문화로 형성되어 이어진다면 이제껏 어렵게 일구어 온 대한민국 스타트업의 소중한 위상이 서서히 무너져 내릴 수 있다는 것이다.

투자는 많아져도 생존율은 제자리

국내 중소기업 지원 기관에서 근무하는 한 실장급 인물은 언론과의 인터뷰에서 한 외국인으로부터 충격적인 이야기를 들었다고 전했다. 그 외국인은 한국 창업 생태계는 돈이 넘쳐나고 한국 스타트업은 돈을 구하기가 너무 쉽다고 말했다. 실제 미국에서는 유명한 대학교수가 창업해도 5만 달러(한화 6,000만 원)를 구하기 위해 동부에서 서부로, 다시 서부에서 동부로 가야 할 정도로 힘든 과정을 거친다고 전했다. 이에 비해 한국의 젊은 스타트업은 돈을 너무 쉽게 구할 수 있어서 오히려 야생성이 떨어질 수 있다고 지적했다.

외국인의 지적은 사실이다. 우리나라 창업 자금 지원은 화수분처럼 끝없이 쏟아지고 있다. 중소벤처기업부의 창업 지원 예산은 1998년 82억 원으로 시작해 2020년 8,492억 원으로 증가했으며, 중앙 부처와 지자체의 통합 예산 역시 매년 최고치를 경신하고 있다. 2019년 1조 1,181억 원, 2020년 1조 4,517억 원, 2021년 1조 5,179원이다.

이러한 막대한 지원에도 불구하고 5년 생존율은 다른 나라에 비해 낮다. 프랑스가 44%, 영국이 41%, 독일이 39%대이지만, 한국은 27%에 불과하다. 특히 '고성장 기업'의 비율도 현저하게 떨어진다. 영국은 13%, 이스라엘은 11% 정도지만 한국은 6.5%에 불과하다. 결국 많이 투자하지만 그에 걸맞은 효과적인 결과를 끌어내지 못한다. 스타트업에 대한 지원은 매년 늘어나지만 생존율은 2012년이나 2018년이나 비슷하다.[40] 오늘도 스타트업 육성을 위해 많은 고생을 하는 공무원들과 생태계의 관련자들에게는 좀 답답한 흐름이지만 결코 외면할 수 없는 우리의 현실이기도 하다.

물론 매우 다양한 이유가 있을 것이다. 그러나 모든 문제는 '과도한 자금 지원'으로 스타트업이 야생성을 잃고 있다는 데서 시작된다. 실제 현장에서 들어보면 이제 5,000만 원 정도의 지원금에 놀라는 창업자는 그리 많지 않다. 오히려 너무 적게 준다며 투덜거리기까지 한다. 그러다 보니 지원금만 노리는 '스타트업 마피아'나 '상금 사냥꾼'이 있다는 언론의 지적도 나온다. 심지어 스타트업을 빙자해 지원금을 받고 직원 수를 부풀려 또다시 지원금을 받거나 외주 금액을 부풀리기까지 한다.[41] 1970~1980년대 오로지 자신의 돈이나 가족과 친척에게 빌린 돈으로 사업하던 때와는 천양지차이다. 만약 그때 나라에서 창업을 지원해주겠다며 5,000만 원을 주었다면 황송함을 넘어 무척 당황했을 것이다.

스스로 절벽을 타고 오르는 힘

과도한 지원금에 대한 해법을 찾기 위해서는 우선 국내 자금 지원의 구조부터 살펴봐야 한다.

- 예비 창업자: 정부 1억 원 내외+지자체+대학+민간
- 초기 창업자: 정부 1억 원 내외+지자체+대학+민간
- 중기 창업자: 정부 3억 원 내외+지자체+대학+민간

사실 요즘 창업을 제대로만 한다면 3년 내에 최대 10억 원을 지원받을 수 있는 것이 현실이다. 주목해야 할 부분은 창업 후 3년이다. 이 시기까지는 계속해서 자금이 지원되기 때문에 설사 매출이 나오지 않더라도 어떻게 해서든 생존이 가능하다. 그러나 3년이 지난 후부터는 추가로 받을 수 있는 지원금의 70%가 사라져 더 이상 고용을 유지할 수 없게 되고 심지어 '먹고 사는 문제'에까지 봉착하게 된다. 시장에서 홀로 살아남을 수 없게 된 스타트업은 야생성마저 없어 나약하게 무너지고 만다. 결과적으로 적게는 2억에서 많게는 3억 원 이상의 정부 자금을 소비

한 후 맥없이 나가떨어지게 된다. 세금 낭비도 문제지만 이렇게 지원을 받은 후에도 스스로 홀로 설 수 없다면 이는 분명 문제가 있는 지원 제도라고 봐야 한다.

스타트업의 야생성을 높이기 위해서는 지금의 창업 지원금 제도의 대수술이 필요한 현실이다. 성장에는 따뜻한 보살핌도 있어야 하지만 혹독한 평가도 있어야 한다. 그래야 결과에 책임지는 자세를 기를 수 있다. 안타까운 얘기지만 스스로 절벽을 필사적으로 기어오를 수 없는 스타트업은 빨리 퇴출되어야 하는 것이 맞다. 죽어가는 기업을 연명시키는 자금 지원이 아니라 또 다른 가능성을 찾아 기회를 주는 자금 지원이여야 한다. 또한 실패를 인정하고 재기를 시도하는 건강한 창업자에게는 기회를 제공하고 자금 지원을 열어주어야 한다. 장벽을 낮춰 더 많은 스타트업을 창업의 길로 끌어들이는 것이 더 효율적인 결과를 만들 수 있기 때문이다.

윤석열 정부는 현 지원 제도를 '야생성을 키우는 제도system of raising the wild'로 바꿔야 한다.

스타트업의 야생성을 키우는 정책자금 지원 방안

기존: 예비+3년 이내+7년 이내 → 쉴 틈 없는 지원으로 야생성을 잃게 하는 제도

대안: 예비(5,000만 원 내외 지원)+1년 차(1억 원 이내 지원) → 2년 차(지원금 없음) → 3년 차(3억 원 이상 지원) → 4년 차(지원금 없음) → 5년 차(10억 원 지원)

만약 지원에 걸맞은 결과를 낸다면 그다음의 지원이 이어질 수 있지만, 결과를 내지 못한다면 야생성을 키우는 제도를 통해 스스로 단련하고 성찰할 시간을 주고 정부 지원을 잠시 멈춰야 한다. 다소 급진적이고 가혹한 방법일 수도 있겠지만 방만한 자금 지원은 오히려 스타트업 생태계의 물을 흐리게 할 뿐이다. 더구나 피를 짜내듯 국민이 낸 '혈세'(血稅)를 사용하는 데 가혹함이 없다는 것은 상식에도 도리에도 맞지 않는다.

야생성의 비결은 결핍과 간절함, 열망을 내면화하는 것이다. 정부는 '자금 지원'이라는 명목으로 창업자들이 겪어야 할 이 결핍과 간절함의 경험을 빼앗아서는 안 된다. 눈물 나게 '없는 고통'을 알아야 무엇이 소중한지를 깨닫게 된다. 이제까지 역대 정부의 창업 지원책은 충분히 효과적이었고 세계 어느 나라에 내놓아도 부끄럽지 않을 정도였다. 하지만 창업 자금 지원은 이제 더 장기적이고 합리적인 지원 정책이 되기 위해 새로운 변화의 길을 걸어야 한다. 결국 더 많은 스타트업이 스스로 헤쳐 나갈 수 있도록 말이다.

스타트업 담당 공무원의 동반 성장

_ 더욱 확실한 전문성의 담보를 위해

우리는 대통령이나 정치인이 나라의 운명을 바꿀 수 있다고 믿는다. 그런데 이들보다 더 강력하게 민생의 현장에서 나라의 운명을 바꾸는 사람들이 있다. 바로 공무원이다. 민간인으로서는 최초로 중앙공무원교육원장을 지낸 한국협업진흥협회 윤은기 회장은 한 칼럼에서 이렇게 말했다.

"세계적인 큰 질서의 변화는 공무원들에게 인식의 전환과 실천의 전환을 동시에 요구하고 있다. 낡은 사고방식으로 새로운 물결을 헤쳐 나갈 수 없다. 공무원들이 어떤 생각을 갖고 어떻게 행동하느냐에 따라 국가의 운명이 세계를 주도하게 될지, 끌려가게 될지를 정한다. 공무원이 생각을 바꾸면 그 행동과 습관이 바뀌어 마침내 나라의 운명까지 바꿀 수 있다."[42]

생각해보면 정말 일선의 공무원들이 무슨 생각을 하고, 어떤 신념을 내면화하고 있는지가 곧 나라의 운명을 바꾼다. 마찬가지로 스타트업의 운명 또한 스타트업 관련 공무원에게 달려 있다고 해도 과언이 아니다. 그런 점에서 공무원들이야말로 가장 훌륭한 혁신가가 되어야 하며, 동시에 뛰어난 전문성을 갖추고 있어야만 한다.

행정의 달인

〈세바시〉라는 유명한 강연 프로그램이 있다. 보통은 공무원이 잘 출연하지 않지만 인천광역시 산업진흥과 이남주 과장이 민간보다 더 혁신가라고 소문난 공무원으로 알려져 출연했다.

이남주 과장은 강연에서 '인천 산업 시설 탐방 길' 인스로드InsRoad 사업을 예로 들면서 공무원에게 '발상의 전환'을 주문했다. 알다시피 신도시 개발로 원도심이나 산업 공단 등 낙후된 시설을 사람들이 꺼리는 현상이 많아지고 있는데 이를 발상의 전환으로 걷고 싶은 거리, 쉬고 싶은 거리, 보고 싶은 거리로 만들었다. 주민들에게 버려진 혐오스러운 공간을 새롭게 만들기 위해 적극적으로 일하는 모습이 우리나라 공무원의 미래라는 생각이 든다.

2012년 3월 이남주 과장은 행안부에서 '행정의 달인'이라는 인증패를 받았다.

어떻게 이런 상을 받을 수 있었을까? 그 이유는 간단했다. 필자 역시 함께 일해본 적이 있어 왜 행정의 달인이라는 상을 받았는지 충분히 알 수 있었다. 이남주 과장은 어떤 문제가 생기면 "안 된다"라는 말보다 "할 수 있다. 한번 해보자"라는 말을 먼저 한다. 또한 민간의 자율성을 적극적으로 보장한다. 최대한 간섭을 자제하며 그동안의 행정 경험과 아이디어만 공유하고 관리 감독만 하려고 애쓴다. 우리나라에서 보기 드문 공무원이다. 아직도 전국을 돌아다녀보면 갑질 문화에 익숙해져 있는 공무원이 많다. 물론 많이 줄기는 했다. 디지털 사회로 전환하면서 기본 역량이 있는 공무원이라도 전문성은 크게 뒤처지는 게 현실이다. 그러므로 민간 역량에 문제가 없다고 판단되면 전적으로 맡기는 것이 사업의 성공으로 가는 길이다.

순환 보직제와 민간 위원회의 문제점

중앙정부와 지자체에서 스타트업을 담당하는 공무원은 스타트업 생태계의 한 구성원이라고 해도 과언이 아니다. 이는 곧 공무원이 스타트업의 '사업 파트너'라는 뜻이다. 대부분 초기 스타트업은 공무원을 만나 자금 지원을 받기 시작하고, 이후 사업 규모가 커지면 계속해서 지원 제도나 규제와 관련해서 공무원과 소통해야만 한다. 그런 점에서 오늘날 한국 스타트업에서 공무원이 기여한 바는 반드시 인정되어야만 한다. 그들은 국가의 정책을 현실에서 실행하고 창업자들의 고충을 바로 옆에서 들으며 지원을 아끼지 않기 때문이다. 특히 사명감이 투철한 공무원들의 사력을 다한 지원은 창업자들에게 큰 도움이 된다. 그런 점에서 공무원들은 4차 산업혁명을 수행하는 가장 선도적인 참여자 중 하나다.

그런데 문제는 이렇게 소중한 파트너들이 스타트업의 곁을 너무 빠르게 떠나간다는 점이다. 빠르게는 6개월이나 1년 정도에 교체되는 일도 있다. 이럴 때 그들과 함께 소통하며 일해왔던 창업자나 관계자들은 심한 허탈감을 느끼게 된다. 단순한 자금 지원 문제라면 큰 문제가 없겠지만, 장기간 준비한 사업이거나 규모가 큰 사업일 경우 문제는 심각해진다. 필자 역시 이런 경험을 하곤 했다. 한 팀과 의욕적으로 신규 창업지원센터에 관한 논의를 하던 중 담당 공무원이 바뀌어 그 사업 자체에 대한 재계약을 아예 포기해야만 했다. 모든 것을 다시 논의하고 처음부터 프로세스를 다시 밟아나가는 것은 오히려 큰 손해가 되었기 때문이다. 그런 점에서 스타트업 공무원의 순환 보직제는 창업 생태계에서 반드시 시정되어야 할 제도다. 이를 일부 보완하기 위해 전문직위(전문관)제를 두어 전문성을 향상하고 업무의 효율성을 높이는 곳도 있다. 서울시는 2013년 53명을 시작으로 2017년 9월 기준 712개의 전문직위와 378명의 전문관을 지정했고, 2020년에는 1,000명의 전문관을 선발하는 등 지속해서 확대해나가고 있다. 하지만 이러한 숫자 역시 충분하다고 보기는 힘들며, 지자체 대부분은 전문직위 지정 비율이 매우 낮은 수준이다.

특히 스타트업업계의 전문 용어를 배우는 데만 1년 정도의 시간이 걸린다. 물론 단어의 뜻만 이해하는 데는 많은 시간이 들지 않지만 그 맥락까지 함께 이해하려면 좀 더 긴 시간이 필요하다. 그러니 한 공무원이 부임한 후 용어만 배우다가 떠나가는 일이 비일비재하다. 그런 점에서 최소한 순환 보직제보다는 전문 공무원 제도를 도입하거나 최소한 3년 정도의 근무 기간을 갖도록 해야만 한다. 특히 스타트업 공무원은 현장에 반드시 가봐야 감각을 익힐 수가 있다. 막연히 머릿속으로만 생각하는 것이 아닌 그 치열한 사업의 현장에서 스타트업의 고민과 생존의 방식을 몸으로 익혀야만 한다. 가장 좋은 방법은 직접 사내벤처를 해보거나 해외 연수가 아닌 '스타트업 기업 연수'를 통해서 직접 근무해보는 것이다. 공무원 세계에서는 매우 파격적인 제도겠지만 스타트업이 우리 경제에 미칠 영향을 생각한다면 필요한 제도다.

결국 네거티브 규제가 답이다

물론 이런 순환 보직제의 단점을 보완하기 위해서 각종 위원회가 있기는 하다. 공무원이 민간 전문가와 소통과 토론을 하고 그 결과를 정책 방향에 반영하는 과정이다. 이 과정을 통해 민간 전문가의 의견이 상당수 반영되곤 하지만 허점도 분명히 있다. 아무리 민간 전문가가 이야기하더라도 결국 그 의견을 반영할지 말지는 공무원이 결정하기 때문이다. 물론 민간 전문가들이 의견을 '제시'하는 역할인 것은 사실이지만 여러 가지 내부 사정이나 정치적 입지 때문에 공무원들에게 제시한 의견이 받아들여지지 않는 일도 있다.

정부의 규제 역시 늘 논의되는 부분이다. 공무원들이 스타트업의 속사정을 잘 알수록 규제 문제에 접근하는 방식도 달라질 수 있다. 그간 규제 문제는 샌드박스로 어느 정도 해결이 되었다고는 하지만 상대적으로 풀기 쉬운 규제만 임시로 풀었을 뿐이고, 정말 꼭 필요한 부분의 규제 혁신은 이뤄지지 않고 있다는 게 현장의 목소리다. 그래서 결국 국내에서 아예 사업을 하지 못하고 어쩔 수 없이 해외로 진출한 사례도 있다. 따라서 거시적 관점에서 '안 되는 것 말고는 다 되게 하는' 네거티브 규제로 가야 한다.

사업 파트너끼리는 스타일이 비슷해야 한다. 기업 중에서도 가장 속도가 빠르고 혁신적인 스타트업과 일하는 공무원 역시 속도가 빠르고 혁신적이어야 한다. 앞서 "공무원의 생각이 바뀌면 나라의 운명이 바뀐다"라고 했다. '공'(公)이라는 말은 그만큼 무거운 책임감을 느껴야 한다는 말이기도 하다. 이제 순환 보직제와 민간 참여 위원회 문제 그리고 규제 면에서 공무원들이 생각을 바꿔 나라의 운명을 바꿀 차례다.

Interview

"스타트업이 지속 성장할 수 있는 생태계를 조성하는 것이 중요"

유승엽

(부산 테크노파크 디지털혁신창업 단장)

부산은 대한민국 제2의 도시다. '지방'이라고 보기 힘들 수 있다. 하지만 창업 생태계는 미비한 게 현실이다. 물론 '제2 벤처 붐' 시대를 맞아 예산 정책도 탄탄해지고 있고 투자 금액도 지속해서 증가하고 있다. 하지만 이런 열기를 이어가기 위해서는 수도권 중심의 창업·벤처 생태계를 부산으로 확산시키는 일이 절실하게 필요하다.

부산은 부산시의 적극적인 지원으로 창업이 크게 활성화되고 양적으로는 성공적이었다고 볼 수 있다. 창업 지원 기관은 2014년 3개 기관 25개소에서 2020년 9개 기관 76개소로 늘었으며, 창업 지원 사업 수 역시 79개에서 무려 158개로 늘었다. 보육 기업 수 역시 692개에서 1,115개로 늘어났고 매출액 역시 2,803억 원에서 4,593억 원으로 늘어났다. 그런데도 여전히 열악한 환경이다. 부산 테크노파크 유승엽 디지털혁신창업 단장의 이야기를 들어보자.

“전국에 있는 유니콘 기업 15개(2021년 기준) 중에서 부산을 포함한 지방에 있는 기업은 단 하나도 없다는 점에서 여실히 문제가 드러난다. 그뿐만 아니라 2000년 이후 기술 혁신형 중소·벤처 창업 생태계 조성을 위한 중앙정부 주도의 모태 펀드 등 벤처 투자 지원 정책이 오히려 수도권과 지역의 불균형을 가속화 혹은 고착화했다. 벤처투자의 70% 이상, 벤처캐피털의 90% 이상이 수도권에 집중되어 지역에서 창업한 기업이 후속 투자(시리즈 B)를 받기 위해 수도권으로 이전하여 지역 인재 유출이 가속화되고 지역 경쟁력은 약화되고 있다.”

따라서 이제부터 중요한 점은 바로 초기 스타트업 육성을 넘어 스타트업이 지역 경제에 자리매김하기 위한 스케일업이라고 할 수 있다. 이것이 가능해야지만 지역 경제에 효과적인 영향을 미칠 수 있다.

“창업-성장-창업으로 선순환하는 구조로 스타트업과 스케일업을 같은 맥락에 두고 창업 기업의 숫자에 초점을 맞추기보다 이들이 지속 성장할 수 있는 스케일업 성장 생태계를 조성하는 것이 중요하다. 또 투자 펀드 역시 쪼개서 투자하기보다는 하나의 기업을 제대로 밀어주고 펀드 사이즈를 대형화할 수 있게 설계해야 한다. 더불어 기업의 스케일업 활동에 필요한 법률, 회계, 기술, 투자 등의 전문가 그룹을 운영하여 매칭해주고 정보를 제공해주는 기능 운영도 필요하다.”

이러한 노력은 이제 조금씩 현실화되어가고 있다. 그 결과 열악한 상황에서도 부산에는 조금씩 우수한 창업 생태계가 만들어지고 있다.

“2016년 개소한 CENTAP(센텀기술창업타운)을 중심으로 민간 주도의 엔젤투자, 액셀러레이터, 벤처캐피털 등을 유치해 창업과 투자의 메카로 자리매김했다. 그리고 CENTAP의 운영 경험을 바탕으로 지역 맞춤형 모태 펀드를 조성하고자 2020년 중앙정부에 건의해서 2021년에는 지역 최초로 부산 지역뉴딜벤처펀드도 조성했다. 아울러 부산의 6개 창업촉진지구를 지정하고 앵커 시설인 부산역 유라시아 플랫폼 내 창업스테이션을 개소했다. 넥스트챌린지와 협업으로 다양한 창업 교육 등 프로그램을 운영하여 부산역 유라시아 플랫폼 전체를 창업 지원 시설로 재편하는 발판을 마련했다. 그뿐만 아니라 구글 캠퍼스 및 디캠프 등을 유치해서 2022년부터 본격적으로 우리나라를 대표하는 창업 지원 거점으로 발돋움할 예정이다. 특히 주거와 창업 공간 제공을 통해 창업 생태계의 새로운 모델로 해운대 좌동 청년 창업주택 내 부산 청년 창업·주거 복합 공간인 ‘창업공간100’을 개소했고, 2022년부터 연차적으로 부산 전역에 10개소를 확장할 계획이다.”

이러한 과감한 지원을 하면서도 과도한 지원금 문제는 여전히 계속해서 고민해야 하는 부분이 아닐 수 없다.

“정부가 창업 기업 지원에 많은 예산과 정책을 지원하고 있으나 여전히 정부 지원이 창업 기업의 경쟁력을 키우는 데 실질적인 도움이 되고 있는지에 관한 부정적 시각이 없지 않다. 아울러 창업 기업이 아닌 중소기업인 회의에서도 창업 기업에 과도하게 지원한다는 불만도 있다. 3~5년 차 때 창업 기업 상당수가 소멸한다는 데스밸리에 어려움을 겪고 있으며, 2019년 기준으로 정부 지원을 받은 창업 기업의 생존율은 1년 차 92.5%, 2년 차 86.1%, 3년 차 75.4%, 4년 차 65%, 5년 차 57.1%로 낮아지고 있다. 정부 지원을 받지 못한 기업과 비교하면 생존율은 높지만, 여전히 정부 지원금에 의존성은 높아 업력이 늘수록 경쟁에서 어려움을 겪는다."

초기 창업 기업의 가장 큰 애로 사항은 자금이다. 스케일업에서도 자금이 절실하다. 특히 지방에서는 이에 대한 의존도가 더 높을 수밖에 없다. 그런 점에서 정부의 지원도 중요하지만 창업 정책 자체를 혁신하고 재설계할 필요가 있다. 즉 공공 성격의 펀드 자금 투자 정책으로 정부가 주도적으로 선도 투자를 하고, 후속으로 민간이 주도하는 투자 연계가 필요할 것으로 보인다.

에필로그

한국의 미래, K-스타트업에 달려 있다

아프리카 대륙에 상당한 문화적 영향력을 미치는 한 나라가 있다. 모잠비크, 잠비아, 짐바브웨의 청년들은 이 나라에서 만든 영화 속 배우들의 패션과 헤어스타일을 따라 한다. 게다가 이 나라 대중음악과 종교에까지 관심이 있다.[43] 한류가 워낙 전 세계적으로 유명해지다 보니 어쩌면 이 나라를 한국이라고 생각할지도 모른다. 하지만 아니다. 이 나라는 바로 나이지리아다. 인구가 2억 1,000만 명에 이르는 나이지리아는 아프리카에서는 문화 강국으로 통한다. 하지만 '할리우드'에 비춰 그들의 영화 산업을 지칭하는 '날리우드Nollywood'는 아프리카라는 지역을 벗어나면 그 존재 자체가 의미 없어진다.

태국도 꽤 문화적 영향력이 강한 나라이다. 그들이 만드는 영화와 방송 프로그램은 파급력이 강해 인근의 라오스, 캄보디아에 영향을 미친다. 그러나 역시 그 지역을 벗어나면 태국 문화란 그저 동양의 이색적인 문화, 그 이상의 가치를 발휘하지 못한다.

반면 한류의 영향력은 나이지리아와 태국과는 비교 자체가 불가능하다. 미국에까지 침투하는 데 성공했다는 것은 사실상 전 세계를 정복했다는 뜻이기 때문이다. 이러한 사실은 '문화는 중심부에서 주변부로 흐른다'는 전통적인 문화 유통 이론을 한층 강화해준다. 강력한 경제력과 수준 높은 민주주의가 뒷받침되지 않고는 문화적 영향력이 인근 지역을 넘어서지 못하는 것이 일반적이다.

2021년 7월 국제연합무역개발회의UNCTAD가 설립 57년 만에 최초로 한국을 선진국 대열에 합류시켰다. 2021년 9월 한국의 〈오징어 게임〉이 넷플릭스 전 세계 1위를 했다. 비슷한 시기에 우리나라가 선진국에 진입하고 〈오징어 게임〉의 대박이 터진 셈이다. 시기적으로 비슷했던 것은 우연의 일치겠지만 한류와 한국의 경제력이 얼마나 밀접하게 연결되어 있는지를 보여주는 상징적인 사건이었다.

한국어가 전 세계적으로 큰 인기를 얻고 있는 근간에도 한국 기업의 경쟁력이 있다. 한국 콘텐츠 자체를 좋아해서 배울 수도 있지만 그 한국어를 익히고 배우면 앞으로 자신의 월급 수준이 달라진다는 점은 큰 매력으로 작용한다. 베트남이나 인도에 있는 삼성 공장의 경우 한국어 가능 여부에 따라 월급이 2~3배가

량 차이가 난다. 한국어를 잘하면 인생이 달라진다는 이야기다. 2006년부터 2016년까지 한국어 수강생은 95%가 늘어난 반면, 독일어, 프랑스어, 러시아어, 이탈리아어는 모두 마이너스를 기록하고 있다.

전 세계에서 가장 젊은 선진국, 한국

한국이 만들어나가는 'K 세상'은 이전 다른 선진국과는 양상이 판이하다. 인구가 5,000만 명이 넘고 국민소득이 3만 불이 넘는 이른바 '30-50 클럽'은 한국을 포함한 미국, 일본, 독일, 영국, 프랑스, 이탈리아 7개국뿐이다. 한국을 제외하면 모두 일찍부터 강대국이어서 양차 대전에서 패권을 다툰 나라들이다. 특히 미국은 제2차 세계대전으로 그야말로 '축복'을 입었다고 해도 과언이 아니다. 전쟁 직후 미국의 제조업 생산은 전 세계 50%를 장악했다. 일본 역시 제1차 세계대전 이후 채무국에서 채권국으로 바뀌었고, 전쟁이 끝날 즈음에는 일본이 세계 무역에서 차지하는 비중이 5배나 늘어났다. 하지만 한국은 세계 대전의 수혜는커녕 막대한 피해를 보았다. 이 말은 곧 지금의 '30-50 클럽'의 선진국 중 한국은 과거의 전쟁 유산과 단절된 유일한 국가라는 뜻이다. 7개국 중 한국은 가장 젊은 선진국이며, 가장 역동적인 경제적 변화를 통해 지금의 성장을 이뤘다.

한류의 배경에 한국의 경제력이 있다는 말은 곧 역도 성립이 가능하다. 한국의 경제력이 소멸하면 결국 한류의 동력도 약해질 수밖에 없다. 따라서 우리가 건설한 'K 세상'은 차세대 한국 기업의 영향을 받을 수밖에 없다. 그런데 지금 가장 역동적으로 움직이는 한국의 기업군은 대기업도 중견기업도 아닌 벤처와 스타트업이다.

'2022년 중소벤처기업부 업무 계획' 발표에 따르면, 벤처와 스타트업은 이제 명실상부한 한국 경제의 주축으로 성장했다고 봐도 무방하다. 코로나19로 2021년 대기업의 총매출액은 1.1%가 줄었지만 벤처와 스타트업은 7%나 증가했다. 총매출로 따지면 재계 1위 삼성 바로 다음이며, 2위인 현대차그룹보다 30조 원이 많다. 고용 인원도 압도적이다. 삼성, 현대차, SK, LG 등 4대 그룹의 전체 고용은 69만 8,000여 명이지만, 벤처와 스타트업은 이보다 약 6만여 명이 많은 76만 4,900명이다. 그런데 이러한 단순 수치 비교보다 더 중요한 사실이 있다. 벤처와 스타트업의 매출과 고용은 '확장성' 측면에서 대기업과 비교가 불가능하다는 것이다. 대기업들은 고용 인원을 갑자기 늘리지 못한다. 아무리 대기업이라지만 한꺼번에 10만 명을 고용할 수는 없다는 이야기다. 매출 역시 꾸준히 늘릴 수는 있어도 갑자기 늘릴 수는 없다. 하지만 벤처와 스타트업이라면 이야기가 달라진다. 창업하는 기업이 많아지면 많아질수록 10만 명도 고용 가능하며 매출 폭증도 충분히 이뤄낼 수 있다. 한마디로 매출과 고용에서의 '확장성'이 대기업과 비교하기 힘들다.

앞으로 10년, 한국 경제의 결정적 시기

2022년 제20대 대통령 선거에서 '한국을 주요 5개국G5에 들어가게 하겠다'는 공약이 나오기도 했다. 우리 경제의 체력이 확연히 떨어지지 않는다면 충분히 가능한 공약이다. 한국의 미래는 벤처와 스타트업이 만드는 '10년'에 달려 있다. 과거 10년간 이뤄낸 것들이 지금의 성과로 드러나고 있으니 미래의 '10년'이 만들어낼 변화의 파급력은 이제까지의 10년보다 더 클 것이기 때문이다. 원하든 원하지 않든 이제 미래의 모든 기업은 스타트업화되고 있다. 2021년 글로벌 스타트업 페스티벌 '컴업 2021'에서 한 액셀러레이터 대표가 언급한 '대기업 분할'은 글로벌 차원에서 현재 진행형이기도 하다.

GE는 항공, 헬스케어, 에너지에 주력하는 3개 기업으로 분할될 예정이며, 글로벌 제약회사 존슨앤드존슨도 그룹 해체를 선언하고 제약·의료 기기와 소비자 건강 부문을 쪼개고 있다. 이외에도 독일 머크, 미국 파이저, 영국 글락소스미스클라인 등의 제약 회사들과 미국 3M 등도 연달아 기업을 분할하고 있다.[44]

기업 분할은 과거의 기업 운영 방식으로는 앞으로 생존할 수 없음을 깨달은 데 따른 결과다. 새로운 기술과 소비자, 글로벌 경제 동향이 워낙 빠르게 변하다 보니 이제 덩치가 큰 대기업으로는 이런 변화에 적응할 수가 없게 된 것이다. 이는 곧 이제까지의 기업 활동을 설명해준 '규모의 경제'가 더는 먹히지 않는다는 뜻이다. 이러한 변화는 향후 우리 대기업에도 적지 않은 영향을 미칠 것이며, 그럴수록 벤처와 스타트업의 문화와 DNA가 확산하여 그들이 일하는 방식이 일반화될 것으로 보인다.

빗물은 냇가를 타고 강으로 흘러가고 강물은 다시 바다로 흘러간다. 초창기 작은 기업이었던 벤처와 스타트업은 이제 큰 물줄기가 되어 경제의 주축이 되었으며, 다시 대기업의 구조 조정까지 가능케 하는 완전한 혁신의 바다로 나아가고 있다. 한국 경제가 이 흐름에 얼마나 잘 적응하느냐가 바로 G5로의 진입과 전 세계적으로 가장 압도적인 소프트파워, 즉 '한류'의 발전에까지 연결될 것이다.

《변종의 늑대》가 스타트업 생태계를 다룬 기초편이었다면, 《진격의 늑대》는 심화편이라고 할 수 있다. 이 책의 핵심은 팬데믹 기간 동안 해외 사례와 국내 각 지역의 전문가 및 관계자가 들려주는 현장의 소리를 담은 것과, 필자가 거시적인 관점에서 대한민국 창업 정책 흐름과 방향성을 제시하고자 한 것이다. 새 정부가 이끌어갈 한국 경제의 성장과 양질의 일자리를 창출하는 데 지침서가 되길 희망한다.

끝

부록

에듀테크 그리고 메타버스의 미래

진동환

(마이크로소프트 상무(팀장))

메타버스, 또 다른 나를 발견하는 새로운 세계

메타버스metaverse란 초월이나 가상을 의미하는 '메타meta'와 현실 세계를 의미하는 '유니버스universe'의 합성어로 현실과 연동되는 3차원 가상 세계를 일컫는다. '메타버스'와 '아바타'란 미국 SF 작가 닐 스티븐슨이 《스노 크래시》(1992)에서 처음 제시한 개념이다. 이 소설이 래리 페이지(구글 공동창업자)와 젠슨 황(엔비디아 CEO), 필립 로즈데일('세컨드 라이프' 린드랩 창업자) 등 많은 IT 경영자와 개발자들에게 영감을 줘 공상과학의 영역으로 남아 있던 메타버스가 현실화되고 있다. 4차 산업혁명으로 메타버스 세계를 구현할 네트워크와 그래픽, AI 등의 기술이 발전하자 산업으

마이크로소프트의 메시와 홀로렌즈. (출처: 마이크로소프트)

로서의 메타버스에 대한 기대가 점차 높아졌다. VR, AR, 확장현실XR, extended reality 등의 기술을 통해 가상공간에서도 일상생활과 같은 다양한 활동을 할 수 있게 되었다.

메타버스 공간에서 사용자는 자신의 분신인 아바타를 통해 다른 이용자들의 아바타들과 함께 커뮤니케이션을 도모하고, 가상공간에서 통용되는 화폐를 이용해 쇼핑 등 경제활동을 할 수 있다. 이러한 메타버스는 매직버스, 옴니버스라고도 불리며, 가상에서도 일상처럼 일할 수 있는 환경을 제공하고 로블록스와 같은 가상의 게임 공간에서 국경과 공간을 넘어 서로 만나 교류도 하고 교감도 할 수 있게 한다. 이 같은 가상공간에서 나를 대변하는 아바타가 '멀티 페르소나' 또는 '부캐'(부가 캐릭터)로 변신하고, 나의 인격을 부여한 아바타가 디지털 트윈으로 탄생하여 가상과 현실 공간을 오가게 되고, 내 인격을 부여한 아바타가 사회생활을 하며 가상공간에서 경제활동을 해 나를 먹여 살리는 가상의 자산을 공유하는 시대가 온다.

예를 들어 미국의 메타버스 플랫폼인 '로블록스'에서 활동하는 16세 소년 애먼 런저는 친구와 감옥 탈출 게임을 구현해 억대 수익을 창출했고, 한국 토종 메타버스 플랫폼인 네이버 '제페토'에서 아바타 의상을 만드는 크리에이터 '렌지'는 월평균1,500만 원 이상의 판매고를 올리고 있다(〈경향신문〉, 2021.9.3 참조).

국내 대표 연예 기획사와 통신사들도 메타버스와 관련한 다양한 시도를 하고 있다. 최근 K-팝이 메타버스 열풍에 올라타고 있는데, 아이돌 그룹 에스파의 아바타는 뮤직비디오나 팬 사인회 등에 등장하여 팬들과 만나고 소통하기도 한다(〈한국경제〉, 2021.6.3 참조).

여기에 코로나19 팬데믹으로 비대면이 일상화되면서 가상 세계에 관한 관심과 메타버스 기술 수요가 급속히 증가하고 있다. 시민 삶의 질을 높이고 도시의 지속 가능성을 제고하기 위한 스마트시티에도 디지털 혁신과 변화의 바람으로 미래 핵심 플랫폼인 메타버스와 디지털 트윈 등이 활용되고 있다.

서울시는 지방자치단체 최초로 3차원 가상 세계 '메타버스 서울 추진 기본계획'을 발표했고(서울시 홈페이지 참조), 경기도는 VR, AR 분야 유망 기업들의 성과를 발표하는 '2021 NRP 데모데이'를 추진하여 148개 유망 기업을 선발 육성해왔다(경기도청 홈페이지 참조). 부산시는 디지털 대전환 대책으로 '디지털 산업 활성화

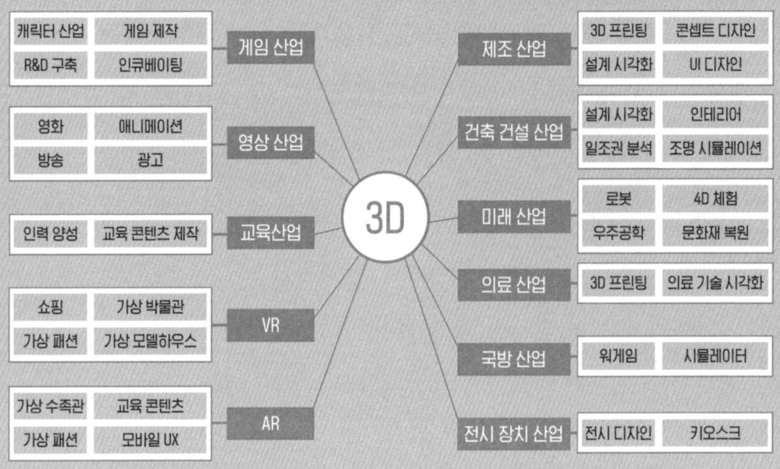

3D 활용 산업 정리. (출처: 오토데스크)

방안'을 주제로 'META-부산' 구현 등에 5년간 총 6,699억 원을 투입할 예정이고, 경상북도는 메타버스 융합 산업을 선도하기 위해 메타버스 융합 산업 클러스터를 조성하는 대형 프로젝트를 추진하고 있다(경북도청 홈페이지 참조). 글로벌 시장조사 기관 스태티스타에 따르면 2021년 메타버스 시장 규모는 약 307억 달러(한화 약 35조 원)에 달했고 2025년에는 약 2,969억 달러(약 358조 원)로 전망하고 있다.

국내에서는 메타버스 서비스를 정부 차원에서 선도하려는 움직임을 보이고 있다. 과학기술정보통신부는 2021년 9월 초 메타버스 및 블록체인 등 '초연결 신산업 육성'을 위해 2025년까지 약 2조 6,000억 원의 예산을 투입하고 2022년부터 2025년까지 개방형 메타버스 플랫폼 개발을 지원할 예정이라고 한다.

이러한 정부의 입장은 메타버스 등 초연결 신산업을 통해 가상 세계와 현실 세계를 융합하고자 하는 것으로 민원 관리와 공공 서비스 혁신 분야에 메타버스 시스템을 도입할 것으로 예상되며, 도서관과 미술관, 과학관을 포함하여 국립 대학교, 공공 의료 인프라 서비스를 메타버스 시스템으로 국민들에게 제공할 것으로 보인다. 이 같은 노력은 글로벌 메타버스 시장에 진출하려는 국내 대기업뿐만 아니라 중소기업들에게 큰 힘이 될 것이다.

디지털 암호화폐는 제페토, 로블록스, 마인크래프트, 포트나이트 등 게임에서 활용하고 있지만 실제 생활에서 그 자산의 소유권을 보장받을 수 없는 문제가 있다. 블록체인 기반의 암호화폐를 통해 메타버스 내 화폐가 실제 생활에서 화폐 역할을 할 수 있게 된다면 새로운 경제 시스템이 탄생하게 되는 것이다.

메타버스에서는 또 다른 나를 발견하여 새로운 방식으로 만남과 경험을 공유하고 VR 플랫폼에서 다른 가치를 만들어 현실에 다시 반영할 수 있다. 예를 들어 메타버스 게임 플랫폼 더 샌드박스는 사용자가 플랫폼 내에서 게임과 아이템 등 콘텐츠를 직접 제작하여 사용자끼리 사고 팔 수도 있게 유틸리티 토큰(특정 플랫폼 안에서 만들어지는 암호화폐)인 '샌드SAND'를 활용하여 '랜드'라 불리는 가상의 부동산을 구매할 수 있다. 랜드는 수량이 정해져 있어 거래가 늘어날수록 가치도 오르는 구조다. 현재 빗썸, 업비트, 코인원 등 국내 암호화폐 거래소에 상장되어 있어 샌드를 보유하고 있다면 당장 현금화가 가능하다.

'NFT판 마인크래프트'로 불리는 더 샌드박스. (출처 : 더 샌드박스)

디센트럴랜드는 이용자가 아바타를 통해 메타버스 속에서 세계를 탐험하며 직접 자신의 공간에서 NFT인 유틸리티 코인 마나MANA로 메타버스상의 랜드를 구매하고 본인의 랜드에 건물을 세우거나 임대하는 것도 가능하다. 그리고 향후 건물에 광고를 붙일 수 있고 쇼핑몰에서 아바타를 위한 의상을 쇼핑하거나 커뮤니티를 만들 수 있게 될 전망이다(디센트럴랜드 홈페이지 참조).

메타버스 공간에서는 사람들이 시공간을 뛰어넘어 현실과 가상 세계에서 만나고 협력하고 문제를 해결해 나갈 수 있기에 수없이 많은 기업들과 엔지니어, 크리에이터와 사용자들이 하나로 융합하여 하드웨어와 소프트웨어, 콘텐츠와 경제 시스템 등을 구축하고 확장해나가고 있다.

삼성전자 플래그십 스토어 디센트럴랜드. (출처 : 〈아주경제〉 2020.1.7)

메타와 마이크로소프트의 메타버스

메타버스의 최근 동향과 관련하여 기술과 서비스를 개발하고 실현을 위해 총력을 다하겠다고 발표한 메타(구 페이스북)와 마이크로소프트 각 대표들의 전략을 정리해본다.

먼저 메타는 일반 안경처럼 생긴 호라이즌 진입용 안경을 쓰면 눈앞에 홀로그램으로 가상 세계가 펼쳐지고 아바타 형태로 다른 사람들과 자유롭게 소통할 수 있다. 저커버그는 2021년 연례 콘퍼런스 '커넥트 2021'에서 미래에 완성될 호라이즌의 모습을 직접 시연했다.

메타의 중심에는 오큘러스 리프트Oculus Rift VR 장비와 호라이즌 서비스가 있다. 특히 메타버스판 소셜 플랫폼인 호라이즌은 가상 주거 공간인 '호라이즌 홈'과 협업 공간인 '호라이즌 워크룸',

빅테크 메타버스 라인업		
	마이크로소프트	메타
가상 회의	팀즈용 메시	호라이즌 워크룸
소셜 미디어		호라이즌 월드
디지털 트윈	다이나믹스 365 커넥티드 스페이스	
게임		오큘러스 퀘스트 스토어
AR·VR 장치	홀로렌즈 시리즈	오큘러스 시리즈

[출처: 〈조선일보〉, 2021.12.17]

사람들과 게임을 즐기거나 파티를 열 수 있는 '호라이즌 월드' 등으로 구성되어 있다.

메타는 호라이즌 활성화를 위해 메타버스의 관문 역할을 하는 장치에 투자를 집중하고 있으며, VR·AR 장치 개발을 담당하는 '리얼리티 랩Reality Labs'을 출범시켰다. 최근에는 2022년 출시를 목표로 개발 중인 차세대 고급 VR 기기 '프로젝트 캠브리아Project Cambria'를 공개했는데, 새로운 센서가 사용자의 시선과 표정을 추적해 실시간으로 아바타에 구현될 수 있게 할 예정이다. 또 현실과 차단된 가상 세계만을 보여주는 오큘러스 퀘스트와 달리 현실에 가상 세계를 겹쳐 보여주는 MR 기능이 추가된다. 이 외에도 5mm 두께의 AR 안경 '프로젝트 나자레Project Nazaré'와 인간의 근육과 뇌를 오가는 전기 신호를 감지해 디지털 명령으로 전환해주는 손목 밴드 등도 개발 중이다.

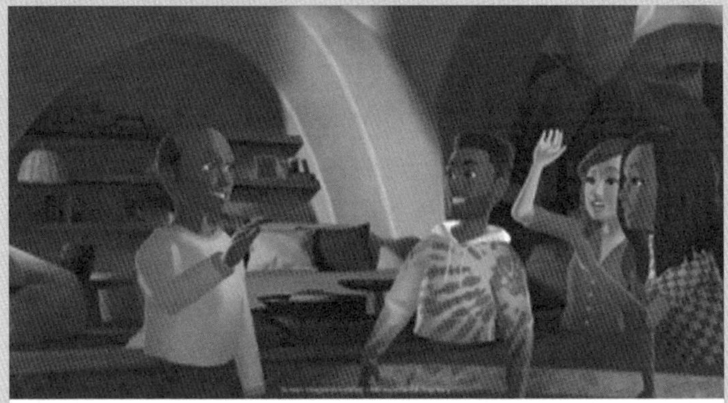

호라이즌 홈과 워크룸, 월드의 화면. (출처: 메타)

마이크로소프트 사티아 나델라 CEO의 '이그나이트 2021' 기조연설. (출처: 마이크로소프트)

마이크로소프트 사티아 나델라는 '이그나이트 2021' 기조연설에서 "하이브리드 업무의 핵심인 유연성은 생산성과 상호 배타적인 것이 아니며 이를 위해 모든 조직은 디지털과 물리적 공간을 통합하는 새로운 디지털 협업 구조를 필요로 한다"라며 "앞으로 모든 비즈니스 프로세스는 데이터 및 AI를 통해 협업하고 디지털 및 물리적 세계를 연결하게 될 것"이라고 새로운 비즈니스 변화에 대해 강조했다.

팬데믹 시대를 거치면서 우리는 영상 대화에 익숙해졌지만 모바일과 모니터 너머에 있는 상대방과의 거리감은 여전하다. 메타와 마이크로소프트는 공통적으로 이러한 인터넷 소통의 거리감을 넘어서 함께 소통하는 것을 메타버스로 구현하는 '인터넷을 통한 연결'과 '몰입 경험'에 초점을 맞췄다고 볼 수 있다.

오늘의 학생이 내일의 세계를 만들어간다

코로나19 장기화로 원격 수업의 수많은 한계점이 드러나 오히려 대면 수업의 소중함을 일깨움과 동시에 학생들의 흥미를 불러일으키고 교육 격차를 최소화할 수 있는 에듀테크에 대한 요구도 커지고 있다. 이러한 이유로 메타버스, AI 등 신기술을 활용한 새로운 형태의 학습 모델이 소개되고 있다. 최근에는 '학습 혁신과 메타버스'를 주제로 에듀테크와 콘텐츠, 교사들의 실제 수업 사례까지 소개되고 있다.

국내 다수의 교육기관은 콘텐츠 내 대상의 행동을 AI를 통해 메타버스 속 아바타를 학습시켜 강의 내용, 학습자 선호, 학습자 직무에 따라 다르게 교육하는 서비스를 제공하고 있다. 메타버스상 강의실도 학습자가 속한 환경에 따라 자동으로 바뀌면 해당 콘텐츠도 학습자의 행동과 유형에 따라 학습 몰입도가 높아질 수 있게 아바타가 말하고 움직인다. 게다가 강의실 환경 및 소품까지 변경하며 다양한 학습이 이뤄지게 한다.

교육자들은 디지털 세상에서 혁신하고 창조할 준비가 되어 있는 학생들을 지원하고 기술의 다양성과 학생의 경험을 성장시키기 위해 많은 노력을 기울일 것 보인다. 마이크로소프트는 교육자가 학생들의 관심을 불러일으키고 미래를 준비시키는 데 도움을 주는 통합 제품과 파트너, 콘텐츠 및 커리큘럼을 제공한다.

2021 에듀테크 코리아 페어 온라인 전시관 행사 (출처: 〈전자신문〉, 2021.9.14)

오늘날 학생들은 세상을 바꾸고 지구상에서 가장 큰 도전들을 해결하고자 한다. 디지털 전환 시대에서 학생들의 학습 여정의 시작은 배움을 통해 영감을 받고 참여하며 연결되었다는 기쁨을 느끼게 하는 것이 중요하다.

세계가 디지털화됨에 따라 학생들은 과학, 기술, 공학, 수학을 뜻하는 이른바 스템STEM을 학습해야 한다. 이는 다양한 학생들을 참여시키고 모든 학생들이 기본 기술을 배울 수 있게 하기 위한 여정의 시작이다.

주

1 신수지, 오명언, "우리가 망할 줄 알았죠? 에어비앤비 퍼펙트 부활시킨 역발상," 〈조선일보〉, 2021.11.18.

2 민혜진, "실패에 대한 두려움, 어느 곳이든 같다," 〈벤처스퀘어〉, 2019.5.23.

3 양연호, "창업 강국 핀란드, 비결은 '보텀업' 생태계," 〈매일경제〉, 2019.5.23.

4 장형태, "'삼성보다 스타트업'…MZ 지원율 톱5에 당근마켓·두나무," 〈조선일보〉, 2021.11.8.

5 허지은, "[특별 인터뷰] 문형남 원장 'ESG 경영, 4차 산업혁명 수준의 거대한 흐름…선택 아닌 필수'," 〈한국대학신문〉, 2022.1.3.

6 최지은, "가치에 민감한 Z세대 '기업도, ESG도 믿지 않는다'," 〈조선일보〉, 2021.10.19.

7 정기준, 〈찰스 다윈의 경제학적 생명관〉, 《학술원논문집》(인문·사회과학편) 제59집 1호, 2020.

8 중소벤처기업부, 〈2021년 혁신 벤처·스타트업 고용 동향〉.

9 조귀동, "[산업정책 혁신하라] ④도시 전체에 자전거도로 만드니 스포츠기업 몰려와…'지역정책이 산업정책의 핵심 돼야'," 〈조선비즈〉, 2017.5.14.

10 최영진, "[벤처 30년 사건과 인물들(4)] 벤처 열풍 시대의 명암," 〈포브스〉, 2018.7.23.

11 최영진, "[벤처 30년 사건과 인물들(6)] '벤처 어게인'을 꿈꾸다," 〈포브스〉, 2018.12.23.

12 김만수, 강재원, "정책 패러다임 관점에서 살펴본 창업정책 변화," 한국벤처창업학회, 《벤처창업연구》 Vol.16, No.3, 2021.

13 김봉철, "20년 만에 제2의 벤처 붐 재현…, 'DJ 개척정신' 계승," 〈아주경제〉, 2021.9.5.

14 법무법인(유) 세종, 〈스페셜 리포트〉, 2022.3.10.

15 이창현, "인도네시아의 유니콘 및 스타트업 기업 현황," 〈KOTRA 해외시장뉴스〉, 2021.2.16.

16 KOTRA, 《글로벌 스타트업 생태계 상》, 국일미디어, 2020.

17 Masood Ahmed, "[전문가오피니언] 스타트업 성장 지원을 위한 싱가포르의 전략," 〈EMERiCS〉, 2021.11.4.

18 이상재, "[동남아 유니콘-싱가포르] 싱가포르, 핀테크 창업 땐 최대 33억원 지원," 〈중앙일보〉, 2019.1.4.

19 KOTRA, 《글로벌 스타트업 생태계 상》, 국일미디어, 2020.

20 윤보나, "베트남 스타트업 화두는 'Tech'," 〈KOTRA 해외시장뉴스〉, 2019.8.22.

21 한국무역협회 호치민지부, 호치민한국지상사협의회, 〈2021년 베트남 스타트업 현황 및 전망〉, 한국무역협회(KITA.NET), 2021.

22 전규열, "[전규열의 세계는 창업 중] (7) 유럽의 실리콘밸리? '창업천국' 프랑스," 〈주간경향〉 1446호, 2021.10.4.

23 이지민, "[세계는 지금] 경제성장률 52년 만에 최고…적수 없는 대권 후보 1위," 〈세계일보〉, 2022.3.13.

24 김도형, "[테크인파리] 프랑스, 패션 허브에서 스타트업 허브로," 〈로아리포트〉, 2021.9.7.

25 전규열, "[전규열의 세계는 창업 중] (5) 알파고 탄생시킨 영국의 테크시티, 유럽 'AI 천국'으로 변신," 〈주간경향〉 1438호, 2021.8.2.

26 이준형, "[K스타트업 대전환] '알파고 고향', 스타트업 키워 무한동력 창출," 〈아시아경제〉, 2021.5.27.

27 류현정, "브렉시트?! 영국은 유럽의 유니콘 성지…떠나는 총리도 '기술 국가'," 〈조선일보〉, 2019.6.30.

28 강유리, "미국의 창업정책 현황 및 시사점: Startup America를 중심으로," 정보통신정책연구원, 《방송통신정책》 제25권 15호, 2013.

29 이정환, 김예슬, 《해외 중소기업정책동향》 Vol.4 No.6, 중소벤처기업연구원, 2021.

30 이상미, "글로벌 액셀러레이터 '매스챌린지MassChallenge' 성공비결," 〈산업일보〉, 2018.9.15.

31 서주령, "중국·미국 투자 의존성 지나치게 높은 유니콘 기업의 '딜레마'," 〈아시아투데이〉, 2021.8.23.

32 홍익희, "실패하면 지원금 20% 더 준다…창업가 부활의 땅, 이스라엘," 〈조선일보〉, 2021.11.30.

33 Lee Yoonkyung, "Public Social Spending in Major OECD Countries," 〈NABO FOCUS〉 Vol.30, 2021.

34 류태호, "코로나19가 앞당긴 4차 산업혁명 시대의 창의적 미래인재 양성을 위한 과제," 과학기술정책연구원, 《Future Horizon》 제47호, 2020.

35 강석기, "청소년 기간을 24세까지로 늘려라?," 〈사이언스타임즈〉, 2018.2.23.

36 윤효원, "코로나19, 저임금·저학력층에 최대 충격," 〈매일노동뉴스〉, 2021.12.30.

37 김영록, 《변종의 늑대》, 쌤앤파커스, 2019, 225~226쪽 참조.

38 같은 책, 226~228쪽 참조.

39 김영록, "[대학혁신포럼] 대안적 대학교육 혁신모델-대학혁신과 미래교육을 논하다," 2021.8.16.

40 표주연, "스타트업 창업-정부지원 2배 늘었지만…생존율은 제자리," 〈뉴시스〉, 2021.4.26.

41 김동현, "창업·개발자, 지원금 반씩 나눈후 폐업…스타트업 마피아 판쳐," 〈서울경제〉, 2021.5.9.

42 윤은기, "더 큰 대한민국을 향한 공무원의 역할," 《공공 인적자원과 정책》 Vol.3, 2010.7.

43 이문원, "韓流를 뒷받침한 것은 경제성장과 인터넷," 〈월간조선〉, 2021.1.

44 김대호, "[김박사 진단] 글로벌기업 쪼개기 열풍 왜? GE·J&J·도시바 분할 사실상 해체," 〈글로벌이코노믹〉, 2021.11.1.

진격의 늑대

2022년 5월 21일 초판 1쇄 | 2022년 7월 8일 7쇄 발행

지은이 김영록
펴낸이 박시형, 최세현

책임편집 김선도 **디자인** 박선향 **교정교열** 신상미
마케팅 양봉호, 양근모, 권금숙, 이주형 **온라인마케팅** 신하은, 정문희, 현나래
디지털콘텐츠 김명래, 최은정, 김혜정 **해외기획** 우정민, 배혜림
경영지원 홍성택, 이진영, 임지윤, 김현우, 강신우
펴낸곳 (주)쌤앤파커스 **출판신고** 2006년 9월 25일 제406-2006-000210호
주소 서울시 마포구 월드컵북로 396 누리꿈스퀘어 비즈니스타워 18층
전화 02-6712-9800 **팩스** 02-6712-9810 **이메일** info@smpk.kr

ISBN 979-11-6534-521-1 (03320)

김종윤

(야놀자&야놀자클라우드 대표)

앞으로 한국 및 글로벌 경제는 '로켓'으로 비유되는 스타트업이 이끌어갈 것이다. 《진격의 늑대》는 글로벌 시장에서 치열한 경쟁을 통해 빠르게 성장하려는 스타트업을 만들기 위해 도전하는 수많은 인재에게 팬데믹 이후의 방향성을 가늠할 수 있는 통찰력을 제시해주는 좋은 지침서가 될 것이다.

정수경

(현대모비스 부사장)

늑대의 사냥감에 대한 집요함과 사나운 특성에 빗대어 스타트업이야말로 기존의 견고한 경제 질서를 무섭게 파고드는 '변종의 늑대'라고 논했던 김영록 대표는 미래 아이디어 자본주의의 탄생을 언급한 바 있다. 후속작인 《진격의 늑대》에서는 판이 바뀐 기업 생태계의 주인공으로 진격하고 있는 스타트업을 다양한 국내외 사례와 저자의 경험으로 녹여냈다. 이 책을 읽는 독자들은 큰 영감을 얻게 될 것은 물론이고 생각의 전환을 위한 또 다른 관점을 갖는 데 큰 도움이 될 것이다. 대기업의 오픈 이노베이션과 관련해 수준 높은 방향성을 제시하고 있어 의미를 더하고 있다.